AF366260

ESSAI
SUR LES MOYENS
DE RÉFORMER
L'ÉDUCATION
PARTICULIÉRE ET GÉNÉRALE,

Deftiné à l'Inftruction des Peres & Meres, à celle des Directeurs de Colléges & de tous les ÉDUCATEURS.

Par M. FLEURY, *ancien Profeffeur Royal de Mathématiques, de Génie & d'Artillerie.*

A PARIS,

Chez {
GUYLLIN, Libraire, Quai des Auguftins, au Lys d'Or.
DUCHESNE, Libraire, rue Saint Jacques, au Temple du Goût.

M. DCC. LXIV.

AVERTISSEMENT.

L'Accueil favorable dont le Public a honoré le projet d'Ecole gratuite pour toutes les Provinces du Royaume, que j'ai fait imprimer en 1761, & dont j'ai donné une nouvelle édition en 1763, m'a encouragé à faire un nouvel essai de mes forces. Sans afficher ici la modestie, je conviens sincèrement que l'exécution d'un tel projet m'a plus d'une fois effrayé, sur-tout dans un tems où l'objet d'un nouveau plan d'Education occupe peut-être les meilleures plumes du Royaume. Ce que je puis dire en faveur de ce second Discours, pour mériter au moins la confiance de ceux que j'ai intérêt de convaincre, c'est que ce nou-

A

veau plan, ainſi que le premier, ont moins été mon propre ouvrage, que celui de quantité de perſonnes éclairées, dont j'ai recueilli les avis juſqu'au premier inſtant de la cenſure : c'eſt ſur quoi je ne crains point de donner des preuves à tous ceux qui le déſireront.

Comme il eſt naturel d'être flatté & de faire connoître les titres qu'on peut avoir ſur les efforts qu'on a faits pour ſe rendre utile, je n'ai point cru qu'il y eût de difficulté de rendre compte à ceux que j'ai eu occaſion d'entretenir à ce ſujet, des Lettres que j'ai reçues par rapport à mon premier Ouvrage : & comme pluſieurs n'ont paru y ajouter foi que très-ſuperficiellement, je me crois dans la néceſſité d'en faire voir ici la vérité, pour lever tout ſoupçon & mettre ma délicateſſe à couvert. Un amour-propre malentendu n'entre donc pour rien dans mes vues: le defir feul d'affirmer ce que j'avance & de produire ce qu'il peut y avoir de bon dans mon nouveau projet, me détermine à faire part au Public des Lettres en queftion : en voici quelques - unes dans l'ordre des dattes.

Befançon le 2 Décembre 1761.

J'ai reçu , Monfieur, l'exemplaire que vous avez bien voulu m'adreffer de votre ouvrage fur l'Education de la Jeuneffe ; j'en ai pris lecture avec toute l'attention poffible , & j'y ai reconnu l'utilité des principes qui en font la bafe; le zèle & le défintéreffement, qui vous ont animé en mettant cet ouvrage au jour, font des preuves certaines que vous êtes un bon citoyen ; avec de pareils fentimens, je ne doute pas que tous les fuffrages ne fe réuniffent pour vous donner les éloges qui vous font dus : je vous prie d'être perfuadé que je ne négligerai rien de tout ce qui pourra dépendre de moi pour faire goûter & agréer cet ouvrage dans cette Province, & pour faire valoir le bien qui peut réfulter de la pratique de vos réflexions & de vos lumières.

J'ai l'honneur d'être avec un fincère attachement, Monfieur, votre très-humble & très-obéiffant ferviteur,

LACORÉ, Intendant de Befançon.

A Aix le 12 Décembre 1761.

J'ai reçu, Monfieur, l'exemplaire que vous m'avez adreffé de votre projet d'une Ecole gratuite des Sciences. Je fens qu'un pareil établiffement feroit très-utile. Il eft à defirer que l'on profite du plan que vous donnez pour perfectionner l'éducation de la jeuneffe; & il ne tiendra pas à moi qu'il ne foit adopté dans cette Province. J'ai envoyé des exemplaires de votre Projet dans les principaux lieux.

Je vous prie d'être perfuadé des fentimens avec lefquels je fuis, Monfieur, votre très-humble & très-obéiffant ferviteur,

LA TOUR, Prem. Préfid. d'Aix.

La Lettre fuivante eft d'une

Dame si respectable à tous égards, que je ne puis me dispenser de la rapporter toute entiere. Je n'avois pu me dispenser de me charger du fils de cette Dame par des raisons trop longues à déduire : quoiqu'il en soit, quel modèle pour la plupart de nos meres!

A Nismes le 28 Décembre 1761.

Quoique prévenue, Monsieur, de vos talens pour perfectionner l'Education de la Jeunesse, le petit livre que vous venez de composer à ce sujet (dont mon fils m'a fait un cadeau) me confirme dans l'opinion avantageuse que j'avois de votre supériorité à cet égard. Le projet que vous proposez mérite, avec l'admiration, une prompte exécution, étant persuadée qu'il sera très-goûté du Public, & en particulier des personnes qui, comme moi, y ont un intérêt particulier ; tout mon regret maintenant, est celui que mon fils ne soit pas dans un âge à profiter des premiers principes de cette Education, qui l'auroit insensiblement & fructueuse-

ment conduit au but que dès son en-
fance je m'étois proposé. Mais, mes
recherches furent vaines & inutiles, &
forcément je me vis obligée de suivre
la route commune des Colléges, que
j'ai toujours regardée comme un tems
perdu ou mal employé ; ma crainte n'a
été que trop réelle, comme vous en
avez pu juger. Il ne me reste à présent
que l'espérance d'une foible raison qui,
se fortifiant avec l'âge & vos bons avis,
pourront l'engager à profiter du précieux tems qui lui reste pour acquérir quelque connoissance des Sciences
& des Arts auxquels il se destine. Il a
assez d'intelligence pour faire des progrès rapides, s'il vouloit s'appliquer ;
mais la dissipation & l'inconstance ont
toujours été un obstacle à son avancement. Néanmoins j'ose me flatter, Monsieur, que vos talens pourront fixer
cette légereté sur les objets les plus ana-
logues à son génie & à l'Etat Militaire
qu'il a choisi : il vaut mieux, je pense,
posséder à fond certaines sciences, que
de les parcourir toutes superficiellement.
Le calcul à quoi il travaille maintenant
le conduira à la Géométrie & à l'Algèbre ; c'est aussi un travail de longue

haleine, & qui demande de la conten-
tion d'esprit & de l'application. Je crains
bien que mon fils n'y fasse pas tous les
progrès que je souhaiterois ; cependant
quand il ne lui en resteroit que la juf-
tesse d'esprit, inséparable de cette science, & la facilité de comprendre certains Auteurs, ce seroit encore assez ,
s'il joint à cela les talens qui servent de
délassement à un jeune homme, & qui
lui procurent de l'agrément dans les compagnies & la société ; tels que ceux de
la Musique instrumentale, du Manège
& du Dessein, dont il a une légère
teinture. Je désirerois qu'il eût l'ambition de s'y perfectionner, sans préju-
dicier à ses plus sérieuses études ; il ne
faudroit seulement que distribuer son
tems de façon que la variété lui servît
d'aiguillon & de délassement, après
avoir pris celui qui est nécessaire pour
ne pas se dégoûter du travail. Il vous
sera aisé, Monsieur, de concilier mes
idées avec les vôtres, puisqu'elles ont
le même but, avec la différence que
vous pouvez y donner un ordre que
ma trop vive ambition pour lui ne me
peut inspirer : quant à sa conduite, j'ai
assez bonne opinion de lui pour me

flatter qu'il sera exact à suivre la route que vous lui tracerez à tous égards, dans laquelle vous n'omettrez pas, je vous prie, de ne lui permettre jamais de sortir après le soleil couché, sous quelque raison ou prétexte que ce puisse être, excepté que mon cousin d'Ortigue, qui a tous mes pouvoirs, ne vint le demander lui-même. C'est une des principales choses que M. de Trimond vous avoit marquées dans une Lettre qu'il eut l'honneur de vous écrire il y a environ deux mois. Du reste quand il aura quelque devoir de bienséance à remplir, s'il étoit possible de le faire accompagner par un Domestique, ce ne seroit que mieux pour lui & pour ma tranquillité. Vous sçavez combien le pavé de Paris est dangereux pour un jeune homme, & redoutable pour une mere dont la tendresse égale l'ambition : j'espere qu'en ma faveur vous voudrez bien seconder mes vues & redoubler vos attentions à tous égards, persuadé de la reconnoissance infinie & des sentimens distingués avec lesquels j'ai l'honneur d'être, Monsieur, votre très-humble & très-obéissante servante,

GUIRAUD DE TRIMOND.

AVERTISSEMENT. ix

Monſieur,

Je vous ſuis très-obligé du nouveau plan d'Education que vous m'avez fait l'honneur de m'envoyer avec le Cours de Calcul & de Géométrie. J'ai lu avec plaiſir l'un & l'autre, qui ne peuvent être que d'une grande utilité : je ne doute pas qu'ils ne ſoient très-bien accueillis de tout le monde, On doit aſſurément vous ſçavoir grand gré de vos peines, de vos travaux & de votre zèle pour le bien public.

Je garderai deux des imprimés que vous m'avez envoyés, & ferai part des autres. Cela eſt trop avantageux pour ne pas le répandre.

J'ai l'honneur d'être avec un parfait attachement, Monſieur, votre très-humble & très-obéiſſant ſerviteur,

DE MAISONNEUVE.

A Paris ce 17 Nov. 1762.

A Verſailles le 9 Mars 1763.

Votre projet, Monſieur, d'une Ecole

a v

gratuite des Sciences pour toutes les Provinces du Royaume, doit vous mériter les éloges de tout bon citoyen François : je l'ai lu avec beaucoup de plaifir, & je défire pour vous & pour la Nation de le voir ramener à l'exécution. Recevez mes remerciemens de l'exemplaire que vous m'en avez envoyé. J'ai l'honneur d'être, Monfieur, votre très-humble & très-obéiffant ferviteur,

Le Marquis DE MARIGNY.

Si je difois que ce fecond projet avoit été deftiné pour répondre aux queftions différentes & dans la même année de trois Académies, entr'autres, celle des Jeux Floraux, mais qu'un événement malheureux (a) & des plus accablans pour un pere tendre, m'ayant arrêté dans ce deffein, j'ai cependant hafardé de l'en-

---

(a) La perte d'une fille unique, morte le 17 Mars 1763.

voyer depuis à cette dernière, c'eſt-à-dire à M. Delpy, ſon Secrétaire perpétuel ; on pourroit imaginer, dis-je, que j'en impoſe : voici la preuve de ce fait, & des raiſons qui ont empêché mon ouvrage de concourir.

A Toulouſe le 2 Avril 1763.

Monſieur,

Le Mémoire que vous avez pris la peine de m'envoyer pour l'Académie des Jeux Floraux, ſur le ſujet de Proſe de cette année, auroit dû m'être remis dans les quinze premiers jours du mois de Février, ſuivant les Réglemens de cette Académie, dont je ſuis ſurpris que vous ne vous ſoyez pas informé avant de vous déterminer à travailler pour elle ; vous pouviez, Monſieur, vous adreſſer à moi pour cela, ſi vous n'avez pas la facilité ou l'occaſion de lire nos programmes ou nos recueils, & je me ferois fait un plaiſir de vous inſtruire de nos ufages. Vous aviez d'ailleurs manqué à deux points effentiels ; le premier de n'avoir envoyé qu'une copie de votre Mémoire , tandis qu'il en faut trois, une pour chacun des Bureaux qui juge tous les Ouvrages ; & le fecond de me l'avoir adreffé à moi , au lieu qu'il devoit m'être remis par une perfonne domiciliée à Touloufe , qui auroit figné mon regiftre & retiré mon récépiffé pour me le repréfenter enfuite fi l'ouvrage eut été couronné : voilà des formalités , Monfieur , qui vous prouvent la néceffité de connoître les ufages des Académies avant de leur envoyer des ouvrages.

Il eft d'autant plus défagréable pour vous de n'être plus à tems pour le vôtre , puifque tout eft jugé chez nous , que le fujet de Profe change tous les ans ; mais vous n'en avez pas moins le mérite du travail, & de vous être effayé fur un fujet très - intéreffant : la part que j'y prends pour l'éducation de mes enfans, qui font encore du premier âge, m'engagera, Monfieur, à lire votre ouvrage avec attention; & j'efpere d'y trouver autant d'utilité que d'agrémens.

J'ai l'honneur d'être, Monsieur, votre très-humble & très-obéissant serviteur,

DELPY, Secret. pp. des Jeux floraux.

Enfin je ne finirois pas si je rapportois toutes les lettres obligeantes que j'ai reçues, tant de M. de Miroménil (*a*), Premier Président du Parlement de Rouen, de M. le Sens de Folleville, Procureur-Général du même Parlement, de M. de Villeneuve, Intendant de Dijon, &c. que de plusieurs autres. Je dois encore avertir que je n'ai pu me dispenser de répéter ici des choses que j'ai dites dans mon premier Mémoire, attendu que je traite le même sujet.

Quelques personnes n'ont pas bien compris que mon projet

____

(*a*) Ce Magistrat respectable m'a honoré de trois Lettres sur le même sujet.

d'Ecole gratuite de Sciences pour toutes les Capitales du Royaume étoit un supplément nécessaire à l'éducation des Colléges & Pensions; par la raison, disent-elles, qu'on apprend dans ces lieux publics, Calcul, Géométrie, Physique Expérimentale, Géographie, Chronologie & Histoire. Si tant d'Auteurs n'avoient pas prouvé sans réplique (& de nouveau M. de Vaniere, qui vient de rentrer dans la carriere avec toute la distinction due à son mérite) qu'on ne fait qu'y effleurer toutes les Sciences, non-seulement par le défaut de tems & d'ordre pour l'acquisition de ces connoissances, mais aussi par l'obscurité & le dégoût qu'y repandent ceux qui se mêlent de les enseigner; je hasarderois d'en tracer ici le tableau avec d'autant plus d'exactitude & de facilité, que j'ai moi-

même été dans le cas de gémir
par la contrainte à laquelle on
vouloit me foumettre, pour refpec-
ter des ufages qui , quoiqu'anciens , n'en eurent jamais plus
d'empire fur ma raifon : c'eft auffi
à la faveur de ma fermeté que
mes claffes ont toujours eu le plus
grand fuccès. Voilà la vérité ,
me croira qui voudra , je n'y puis
forcer perfonne. Au refte , qui
pourroit craindre de ne pas réuffir pareillement lorfqu'on aura
préalablement formé les enfans
à la Religion , c'eft-à-dire , à la
vertu ; l'acquifition des Sciences
ne leur coûtera enfuite plus rien ,
fi les menant toujours par douceur , on leur fait aimer leurs devoirs , en variant fur toute chofe
leurs travaux , en y levant juf-
qu'aux plus légers obftacles , en
les conduifant enfin par l'application , une des voies la plus effica-

ce pour amener la jeunesse au but desiré ? Il est constant que la pratique est le moyen le plus court dans les Sciences comme dans la langue Latine ; & que si les Mathématiques, la Géographie, la Chronologie, l'Histoire, la Physique Expérimentale, le Dessein & le Français sont d'une nécessité indispensable, comme je l'ai prouvé dans mon premier plan, & le prouve dans celui-ci, on ne peut trouver étrange que je propose le renversement des Etudes : toute la journée est présentement employée au Latin, & quelques momens aux autres connoissances ; si l'on m'en croit, ou plutôt les gens du plus grand mérite dont j'ai recueilli ce que j'avance, on employera tout le jour au contraire à acquérir les Sciences que je viens de détailler, & qui, par la distribution & la variété qu'un Maître intelligent & de bonne volonté y saura mettre, développeront & intéresseront merveilleusement, & deux heures au plus suffiront & seront consacrées à l'étude de la langue Latine, mais je le répete, par l'usage & l'application.

Il y a sans contredit un mélange d'abus & d'avantages dans les éducations particulieres & générales : notre dessein consiste ici à détruire tous les inconvéniens de l'une, à y introduire tous les avantages de l'autre, & à les adopter chacune selon le besoin.

L'éducation particuliere est presque toujours dirigée par des parens ou Gouverneurs & Précepteurs peu éclairés, trop répandus dans un monde mal choisi, trop dissipés enfin pour s'attacher à mettre l'ordre & la variété indispensables dans les exercices du jeune disciple : tous ces défauts disparoissent dans mon plan. A l'égard des avantages, les voici : l'enfant peut être plus veillé & moins abandonné par conséquent à lui-même ; s'il a des dispositions, on est dans le cas de ne les point ralentir pour attendre, comme au Collége, les traîneurs ; enfin le jeune homme a plus d'occasions de se développer & de se tourner du côté du bien, si l'on a soin de le garantir des impressions du mauvais exemple.

Le bien qui résulte de l'éducation générale, c'est que les enfans sont moins gâtés, & ont pour l'ordinaire plus d'émulation ; mais que d'inconvéniens en échange ! Les jeunes gens sortent presque tous du Collége sans mœurs, sans politesse, sans humanité ; cela vient sans doute,

& de la rusticité de leurs Maîtres, & de ce qu'ils sont trop livrés à eux-mêmes : j'ai remarqué
plus d'une fois que les meilleurs
sujets se gâtent ensemble. Ce qui
prouve bien, à l'égard du Latin,
le vicieux de la marche Scholas-
tique, c'est que les Ecoliers n'y
font pas plus de progrès, malgré
l'étude suivie qu'ils en font du
matin au soir : il y a plus, quand
les Etudes seroient bonnes, on
en seroit toujours rebuté par la
longue attache : les enfans & les
hommes ne se dégoûtent-ils pas
du plaisir même, lorsqu'il n'est
pas varié ? D'ailleurs il ne suffit
pas de beaucoup de Religion &
d'un sçavoir profond : » un *Educa-*
» *teur* doit être semblable à ces
» Législateurs des Nations, qui
» s'attachoient à engager, per-
» suader, soumettre les esprits ;
» ils sçavoient qu'on ne gagne

» bien sûrement les cœurs que
» par l'appas du plaisir ; qu'on
» facilite les devoirs en leur asso-
» ciant l'agrément, qu'il faut pa-
» rer les vertus, égayer les le-
» çons, dérider la sagesse, orner
» la raison, & prêter des graces
» à des loix trop austeres, à des
» vérités trop tristes ; ils sçavoient
» qu'il faut prendre l homme dans
» des filets dorés ; que c'est un
» enfant malade : si pour le gué-
» rir on veut lui faire prendre
» quelque liqueur amére, il
» faut que les bords du vase soient
» baignés d'une liqueur plus flat-
» teuse, afin que trompé par ce
« salutaire artifice, il boive à
» pleine coupe la santé & la vie. «
Gresset, second Volume, page 10,
Discours sur l'Harmonie.

Je ne me déclare donc pas
plus pour l'Education générale
que pour l'instruction particulie-

re , comme quelques perfonnes avoient mal interpreté mes vues ; tout ce que je defire , c'eſt que les inconvéniens de l'une foient remplacés par les avantages de l'autre. Si j'ai raifon , que chacun faſſe ſon devoir, j'ai fait le mien en difant la vérité.

Il n'eſt pas befoin d'en dire davantage pour faire preſſentir que mon defir eſt de fonder l'E-ducation fur la diſtinction des états ; voilà fans doute le nœud gordien : une éducation particu-liere pour tous les Militaires ; une éducation particuliére pour tous les Magiſtrats , ainfi des au-tres ; en forte que chacune épuife les parties relatives à la perfec-tion de chaque profeſſion qui en feroit le but.

Tel grand que foit ce projet, mon zèle m'a fait eſſayer de le remplir ; & je puis dire avec vé-

rité en avoir reçu des éloges qui
ont paſſé mon eſpérance : cependant je ne me flatte point ;
l'indulgence du grand Prince qui
a daigné jetter les yeux ſur ce
foible eſſai , en fait ſans doute
tout le mérite.

ESSAI

*SUR les moyens de réformer l'Education particuliere & générale, dfiné à l'inftruction des Peres & Meres, a celle des Directeurs de Colléges, & de tous les Educateurs *.*

Quo femel eft imbuta recens, fervabit odorem, Tefta diu. . . . . . . Hor.

QUELS font les moyens de tirer un Peuple de la corruption (a) ? Quels font les moyens de rendre les mœurs à une Nation qui les a perdues (b) ? Quel fe-

---

*-Le mot *Educateur* n'eft point encore reçu à l'Académie Françaife ; mais un Académicien célébre que j'ai confulté n'a pû me donner un mot qui rendit auffi parfaitement mon idée.

(a) La Société Typographique de Berne en Suiffe.

(b) L'Académie des Belles-Lettres de Marfeille.

roit en France le plan d'étude le plus
avantageux (*a*) ? Telles sont les questions
que trois Compagnies sçavantes donnent à résoudre. Je ne me flatte point
d'en donner la solution ; mais je ferai
tous mes efforts pour y parvenir dans
cet Ecrit. Le bien de l'humanité & l'honneur de lui être utile , sont deux motifs
assez séduisans pour m'animer : si quelqu'autre remplit mieux que moi cet
objet , semblable à ce Spartiate qui s'en
retournoit joyeux de ne pas avoir été
nommé au Conseil des 300, parce que
la République avoit encore , disoit-il ,
des Citoyens plus vertueux que lui : je
ferai tout aussi satisfait d'en voir cou-
ronner un autre , pourvu que l'Education actuelle soit réformée.

1°. Je dis à l'égard de Berne , qu'un
Peuple qui a besoin d'être tiré de la
corruption , est sans doute composé de
Citoyens dont l'Education trop négli-
gée doit servir de base aux mauvaises
mœurs dont on le suppose infecté.

2°. Ma pensée est pareillement à l'é-

(*a*) L'Académie des Jeux Floraux de Tou-
louse.

gard

gard de l'Académie de Marseille,
qu'une Nation ne peut avoir corrompu
ses mœurs, que par la négligence qu'on
a successivement apportée à l'Education
de la Jeunesse : sinon ma devise seroit
fausse.

3°. Je crois enfin que le plan d'Etude le plus avantageux en France, ou
ailleurs, question que propose l'Académie des Jeux Floraux, est celui dans
lequel on s'attachera à corriger les abus
qui regnent dans l'Education.

Ainsi donc, tirer un peuple de la
corruption ; lui rendre les bonnes mœurs
qu'il a perdues ; lui procurer un plan d'E-
tude le plus avantageux : c'est résoudre,
je crois, toutes ces questions que d'y
répondre par un projet d'Education ,
dans lequel on se sera efforcé de retran-
cher tous les inconvéniens qui gâtent la
nôtre. Ai-je réussi dans celui que je
propose ? Je n'ose m'en flater, puisque
ce n'est qu'un Essai. Mon espérance
n'est point de parvenir au but , mais
d'inspirer à quelque bonne plume le
desir de traiter & d'approfondir une
matière aussi intéressante , que celle
d'une Education générale & gratuite
pour les indigens : car, n'en doutons pas,

l'Etat perd une infinité d'excellens Sujets, fur-tout dans les conditions du bas étage, auxquelles cette reffource manque ; des Eleves de cette forte feroient naturellement portés à mettre à profit & à tirer partie de la bonne Education qu'ils recevroient, attendu que leur état de mifère leur en feroit une forte de loi.

Pour le peu qu'on recherche les défauts qui regnent dans l'Education générale & particulière, je crois qu'on en appercevra deux effentiels : l'un eft le peu de Religion folide, l'autre l'ignorance, avec lefquels fortent du College ou des mains de leurs Educateurs, prefque tous les jeunes gens : l'irréligion vient fans doute de ce qu'on ne s'attache point à former le cœur ; & le peu de fçavoir eft, je crois, une fuite néceffaire du dégoût qu'on fait contracter aux Ecoliers, par la marche laborieufe & rebutante à laquelle on les foumet.

J'ofe être d'autant plus ferme dans ce fentiment, que je ne fuis que l'écho, non pas des perfonnes du bel air, mais de tous les honnêtes Gens & des Connoiffeurs en cette partie, dont le cri gé-

néral eſt qu'il regne un vice dans notre
Education.

Il eſt certain que la jeuneſſe ne fut
jamais ſi décidée, ſi orgueilleuſe & ſi
indomptable dans tous les états ; voilà
un fait dont tout le monde convient &
duquel il faut néceſſairement rechercher
la cauſe. Mais, dira t-on, d'où peut
venir un tel inconvénient ? Je me hâte
de le dire : ce ne ſont, ni la mauvaiſe
volonté ni le peu de ſçavoir des Chefs
& des Directeurs de College ; dévoués
par état au bien public, & pourvus en
apparence de tous les talens néceſſaires,
ils ne ſe trompent point dans l'intention, mais ſeulement dans la forme,
c'eſt-à-dire dans le choix des moyens.
Ils prêchent bien la piété, l'amour du
travail & toutes les vertus ſociales ; mais
ils ne rendent pas ces qualités aimables,
& c'eſt là cependant l'important. D'ailleurs, ces hommes revêtus de l'autorité paternelle, n'en ont point les en-
trailles.

Je parois me rapprocher ici des vues
d'un Auteur célèbre qui prétend avec
raiſon que le meilleur Educateur ne
peut être ſubſtitué au Pere ; j'oſe répondre à cela, oui & non : oui, ſi avec le

ſçavoir convenable , il oublie quelquefois qu'il eſt Pere ; non, ſi après avoir
été mal élevé lui-même , il n'a pas au
moins ſenti cette vérité. En un mot,
autant le Pere doit oublier ce qu'il
eſt (*a*) , autant un Chef d'Education

(*a*) *Le Pere doit oublier ce qu'il eſt*. Je
parle ainſi pour m'accommoder à la façon de
penſer qui eſt en uſage ; en effet, on ſçait,
pour l'ordinaire, que l'amitié aveugle des parens, leur fait paſſer aux enfans quantité de
ſottiſes qui tirent preſque toujours à conſé-
quence. Pour moi, je corrige 1 bien depuis le
berceau une fille unique 2 de ſix ans que j'ai;
tous mes amis remarquent, qu'elle prie Dieu
avec plaiſir, qu'elle ne ment jamais, qu'elle
avoue toutes ſes fautes, telles qu'elles ſoient,
qu'elle aime & eſt même avide au Latin, à la
lecture, à l'écriture, tous travaux cependant
que les enfans fuient & que j'ai eu le bonheur
de rendre intéreſſans à la mienne ; enſorte que
ſi je n'arrêtois ſon ardeur, elle pourroit être
un de ces prodiges qui ſçavent bien des choſes
de bonne heure, mais qui déclinent ou meu-
rent à un certain âge. Je ne ſuis point entré

1 Toute ma correction conſiſte à lui parler raiſon du
ton qu'elle peut l'entendre , & à la faire convenir de ſes
torts.
2 Cette aimable enfant vivoit lorſqu'on a compoſé
cet Ouvrage ; mais cette tendre fleur a été moiſſonnée
preſqu'en naiſſant !

doit se persuader qu'il est à la place de celui qu'il représente. J'avoue que pour penser de la sorte il faut un zèle peu commun ; mais enfin il n'est pas impossible de le trouver ou de le faire naître ; il n'est question que d'user de moyens convenables pour parvenir à ce but. Pour former enfin des hommes qui ayent de la Religion , des mœurs & du sçavoir , je crois qu'on ne peut absolument se dispenser d'adopter les quatre Moyens suivans , dont quelques - uns m'ont réussi plus d'une fois avec le plus grand succès ; ils sont :

I°. L'Education dirigée par le Gouvernement ;

II°. Ne jamais abandonner la Jeunesse à elle-même ;

III°. Changer la Méthode d'enseigner la Langue Latine ;

---

dans ce détail par vanité , ni pour faire parade de grands talens ; je sçais trop que la Nature a fait tous les frais de ma besogne ; je rends compte seulement d'un fait , où je n'ai que secondé des dispositions heureuses , & qui ne pouvant être révoqué en doute , doit instruire ceux qui ne sçavent pas qu'on peut & qu'on doit rendre aux enfans le travail agréable.

IV°. Apprendre aux enfans plus de Mathématiques, d'Histoire, de Physique expérimentale, de Dessin, &c.

Je vais exposer les avantages de tous ces Moyens, & en prouver la nécessité le plus succinctement qu'il me sera possible.

Il fut un tems où l'on ne voulut point à Athènes d'Orateur dont le style fut trop séduisant : 1°. Parce que les moyens d'un bonne cause n'ont pas besoin de secours étrangers : 2°. Par la raison que pour faire valoir une mauvaise cause, il faut nécessairement étouffer & obscurcir la vérité, chose à laquelle on ne réussit que trop par un style fleuri & recherché (*a*). Pour moi, j'ex-

---

(*a*) Je crois pouvoir dire en passant, puisque l'occasion s'en présente, qu'il n'est point indifférent de laisser aux gens de justice la liberté de donner trop l'essor à leur esprit ; il en résulte très-souvent le désespoir & la ruine de quantité de familles par la durée & la perte de Procès même justes, que les Procureurs & Avocats peuvent facilement embrouiller ; je crois donc qu'on devroit absolument bannir du Barreau & de la Magistrature les esprits chargés de faux brillans & de subtilités dangereuses,

pose mes raisons sans périodes quar-
rées, sans antithèses, enfin sans Rhétorique ; persuadé que mes Juges auront
plus d'égard à l'importance de la question que je traite, qu'à la manière dont
je présente les moyens nécessaires à sa
solution.

Avant d'entrer en matière, il importe
beaucoup de faire remarquer que, telle
chose qu'on fasse pour établir une bonne
Éducation, il faudroit préalablement
faire revivre un ancien usage, par lequel les Meres nourrissoient elles-mê-

---

pour n'y admettre que les bons Esprits, enfin
ceux dans lesquels on auroit reconnu les talens nécessaires, ainsi qu'une droiture & une
délicatesse à toute épreuve : la conservation
de l'honneur, des biens, de la concorde & de
la vie des Citoyens, ne sont-ce donc pas des
objets assez importans pour mériter l'attention
du Gouvernement ? On ne pourroit sans doute
mieux faire que d'imiter le Roi de Prusse, qui
vient d'ordonner qu'à l'avenir les Procès seroient jugés dans le cours d'une année. J'ajoute, que la justice étant dûe aux Citoyens, on
ne la leur devroit pas faire payer ; l'Etat y
contribueroit avec joie, & se chargeroit sans
peine de pourvoir à la subsistance de ceux qui
en rempliroient les fonctions.

B iv

mes leurs enfans. Je paſſe par-deſſus
les inconvéniens qu'on ſuppoſe & les
objections qu'on peut raiſonnablement
faire, (mais qu'il eſt aiſé de détruire,
comme un vain prétexte de la diſſolu-
tion & des mauvaiſes mœurs du ſiécle,)
pour aſſurer que j'ai vu des Dames, à
la vérité Chrétiennes & ſenſées, gémir
de l'eſpéce de néceſſité où la coutume
les a miſes, de confier ce qu'elles ont
de plus cher, à des Mercénaires dont
on a tout lieu de ſe défier. Je ne doute
pas que toutes celles à qui on fera faire
cette obſervation, ne conviennent, au
moins intérieurement, que l'indifférence, pour ne pas dire plus, qui regne
entre les enfans & celles qui leur ont
donné le jour, vient, en grande partie,
de cet uſage plus barbare que les mœurs
des Sauvages. Meres dénaturées, quand
vous ſubſtituez à vos places d'autres
meres, ou elles s'attachent à vos enfans, ou enfin elles ne les aiment pas :
dans le premier cas, elles vous font
d'autant plus de tort, qu'elles vous en-
levent des droits dont vous ne reſſen-
tez que trop tôt la foibleſſe ; dans le
ſecond, elles vous font payer bien cher

le service qu'elles vous rendent, par les risques que courent les innocentes victimes que vous leur livrez avec tant d'assurance! Pour moi, quoique je ne puisse promettre beaucoup, mon exemple étant de peu de valeur, j'ose assurer cependant que, si j'ai le bonheur d'élever & d'établir une Fille unique que j'ai, & que j'instruis moi-même depuis le berceau, je ne lui choisirai qu'un mari qui pense comme moi sur cet article, afin qu'elle puisse servir de modèle, & faire voir qu'en Mère Chrétienne & Citoyenne, elle ne méprise pas ses premiers & plus chers devoirs. Au reste, comme je ne me flatte point de persuader sur une matière aussi délicate, je ne l'entreprends point; mais je renvoie à ce que M. J. J. R. a dit de bon sur ce sujet sur le premier Volume de son dernier Ouvrage : ne peut - on pas gouter & profiter des bonnes vues d'un Auteur, sans approuver ses écarts ?

Qu'on n'imagine point que je me borne à ne proposer ce Plan que pour ma Patrie; je suis bien aise que toutes les Nations soient informées, du moins celles entre les mains desquelles cet Ecrit tombera, que, si j'ai réussi à la satisfaction de mes Juges, j'ai travaillé pour tous les pays où il naît des humains : un honnête homme ne doit-il pas être Citoyen de toutes les Contrées? Le Monde entier est sa patrie.

L'ÉDUCATION

Dirigée par le Gouvernement.

PREMIER MOYEN.

Les Perses du tems des Cyrus (*a*) & les Lacédémoniens étoient si persuadés de la nécessité de cette conduite, que l'éducation de leurs enfans n'étoit point abandonnée aux caprices & à l'ignorance des Parens : plus enfans de l'Etat que de leurs peres & meres, les Sujets

---

(*a*) Tous ceux qui ont lu l'Histoire sçavent que les Perses étoient presque toute leur vie à l'Ecole de la vertu. Ils sortoient de la Classe des enfans lorsqu'à présent on se croit homme fait : & ils passoient successivement dans deux autres Classes, dont la derniere les conduisoit jusqu'environ cinquante ans & fournissoit les Ministres, les Magistrats & les Généraux. -

étoient inftruits par l'Etat, dès leur plus bas-âge, de leurs obligations envers les Dieux & la Patrie. Ces deux objets étoient le but où les éducateurs & les éleves afpiroient : que d'effets furprenans n'ont-ils pas produit chez prefque tous les Peuples Païens ! Si je parlois au vulgaire, j'en pourois citer une infinité d'exemples, que les Sçavans & les perfonnes inftruites n'ignorent point.

Je ne puis rapporter rien de plus favorable, pour juftifier mes vues, que l'Edit du dernier Empereur de Ruffie fur l'Education : entr'autres articles (le VIIe.) mérite une attention particuliere, & eft felon moi, au-deffus de tout éloge.

» Quoique, fuivant cet Edit, toute la
» Nobleffe Ruffe, à l'exception des
» Landfaffes & des Odnodwortzy,
» doive jouir à perpétuité de la liberté
» que nous lui accordons ; cependant
» notre prévoyance paternelle devant
» pourvoir à l'Education des jeunes
» Nobles, nous ordonnons que, lorf-
» qu'ils auront atteint l'âge de (12
» ans), ils foient préfentés, feulement
» pour qu'il en foit pris note, foit ici
» à la Chambre Héraldique, ou dans

» les Provinces aux perſonnes revêtues
» de l'autorité publique. Les Parens de
» de qui ils dépendront, rendront com-
» pte de ce que ces enfans auront ap-
» pris, & ils déclareront en quel lieu ils
» ſe propoſent de leur faire pourſuivre
» leurs études.

» Chaque Gentilhomme qui poſſéde
» plus de mille Payſans ſera maître de
» faire élever ſon fils, ou dans les Eco-
» les & Académies établies à mes frais,
» ou dans ſa propre maiſon, à condi-
» tion de ne le confier qu'à des per-
» ſonnes capables, ou même dans des
» Pays étrangers. Mais en même tems,
» Nons avertiſſons que perſonne ne
» pourra, ſans encourir notre diſ-
» grace, négliger de procurer à ſes en-
» fans ou à ſes pupilles, l'éducation
» qu'ils ont droit d'attendre.

» Pour ne laiſſer aucun prétexte à
» l'inéxécution d'un point ſi eſſentiel,
» Nous enjoignons très - expreſſément
» à tout Noble, dont mille Payſans
» au plus compoſent la richeſſe, de
» faire inſcrire ſes enfans dans le corps
» des Cadets, (a) où on leur enſei-

____

(a) Je ne puis cependant m'empêcher de

» gnera avec foin, tout ce qui convient
» à l'inſtruction de la Nobleſſe, & d'où
» ils ne ſortiront, qu'en obtenant un
» grade, chacun ſelon ſon mérite, pour
» y ſervir librement, ainſi qu'il a été
» dit à l'article (VI.) »

On m'objectera peut-être, que le
plus difficile d'un tel projet eſt l'exécution ; mais il eſt aiſé de répondre :
qu'un Souverain qui a été capable de
faire de tels réglemens eût bien été d'humeur & aſſez ſurveillant pour les faire
obſerver. D'ailleurs, quant à l'exécution,
je puis aſſurer avoir été témoin bien
des années de la belle Education que
reçoivent en tous genres, & ſous les
yeux du Prince, quarante-huit Gentil-
hommes tant Polonois qué Lorrains,
dans l'Académie établie à Lunéville par
Staniſlas Lézinski, Roi de Pologne,
Grand-Duc de Lorraine & de Bar. Cette
jeune Nobleſſe qui eſt commandée par
quatre Brigadiers, quatre Sous Brigadiers & cinq Officiers ſupérieurs, dont

---

condamner la dureté qu'on exerce envers cette
jeune Nobleſſe ; ſitôt que quelqu'un de ces enfans ont fait une faute, même légere, on lui
donne un certain nombre de coups de plat
d'épée.

le premier a Brevet de Maréchal de Camp en France, apprend gratuitement tout ce qui lui eſt néceſſaire pour ſervir l'Etat avec zèle & diſtinction. J'ai vû ce grand Prince aſſiſter quantité de fois aux exercices de ceux qu'il appelloit ſes enfans : aucun ne ſort de cette Ecole, qu'il ne ſoit comblé des bienfaits de ce Religieux Monarque, & pourvu d'une place.

Un Auteur qui a dit d'excellentes choſes ſur l'Education, regarde les Colléges comme des établiſſemens riſibles; moi, je les enviſage ſous un point de vue tout oppoſé, ſans cependant vouloir trancher de l'Héraclite (*a*); en effet, n'eſt-il pas bien douloureux de voir que l'inſuffiſance de notre Education, ſoit générale, ſoit particuliere, n'eſt que trop bien prouvée aux yeux des Connoiſſeurs impartiaux : ce n'eſt plus un problême à réſoudre. Peu de perſonnes

____

(*a*) Héraclite, célèbre Philoſophe Grec & contemporain de Socrate dont il étoit fort aimé, étoit naturellement chagrin & mélancolique ; & lorſqu'il s'abandonnoit à la triſteſſe, il pleuroit amèrement les infirmités humaines : il a compoſé quantité d'ouvrages.

ignorent à préfent, que toutes les connoiffances des jeunes gens qui fortent
du College, fe réduifent à fçavoir im-
parfaitement une Langue qu'ils ne parleront jamais, & à ignorer prefque toujours les principes de celle dont ils doivent faire continuellement ufage, &
dans laquelle des Dames fans études
pourroient être leurs maîtres.

Si au moins on rendoit le travail aimable & intéreffant aux Ecoliers dans
le cours de leurs études ! mais un ga-
rant du contraire eft, 1°. Qu'ils atten-
dent avec la plus grande impatience
l'inftant de leur fortie; 2°. Que dès ce
moment ils font divorce avec tout ce
qui eft de la plus légere application, &,
il eft fouvent de la plus grande difficulté de les faire revenir de cette efpèce
d'horreur qu'ils ont contractée pour
l'étude : d'où je conclus que l'Education actuelle ne remplit aucunement fa
deftination.

Quand même les Sujets excelleroient
dans le Latin, n'eft-il pas injufte qu'on
employe des dix ou douze années pour
apprendre une Langue qui n'eft indifpenfable que dans certains états, tels
que l'Eglife & la Magiftrature, dans les

Sciences & Belles-Lettres ? Qu'un jeune homme deſtiné à la Guerre apprenne,
la Langue Latine , à la bonne heure ;
mais que la baſe & le principal de ſon
Education n'en ſouffrent pas , puiſqu'il
eſt moins queſtion d'en faire un Orateur qu'un bon Militaire : je veux dire
que devant être Officier , il apprenne
préalablement le Calcul & la Géométrie , la Géographie & l'Hiſtoire , l'Attaque & la Défenſe , la Tactique & les
Intérêts des Princes , enfin , les Mathématiques Militaires. Qu'un autre deſtiné au Génie ou à l'Artillerie , s'applique
au latin , je le deſire , parce que cette
Langue eſt utile à un jeune homme bien
né : mais que cela ſoit ſans préjudice
de ce qui lui eſt indiſpenſable , comme
le Calcul , la Géométrie , la Trigonométrie , la Méchanique , les Sections
Coniques , le Jet des Bombes , l'Attaque , &c. : que l'Officier même ne dé-
daigne pas d'être Ingénieur , & que l'Ingénieur puiſſe être Officier dans l'occaſion. Qu'un Financier , un Commerçant , un Artiſte , &c. ſçachent du Latin ,
cela eſt utile à tous , mais non aux dépens du Calcul , des Changes Etrangers , de la Géométrie , & même d'un

peu de Géographie & d'Histoire ; que les unes & les autres de ces Sciences foient difpenfées d'ailleurs proportionnément aux befoins qu'on en a dans chaque Etat : un Peintre, par exemple, a moins befoin de Calcul (*a*) que de Géométrie, que de Perfpective, que d'Hiftoire facrée & profane : un Horloger ne peut fe paffer d'un peu d'Arithmétique, mais il lui faut indifpenfablement de la Méchanique, & par conféquent de la Géométrie : un Architecte peut abfolument ignorer la Géographie, la Chronologie & l'Hiftoire, mais non les Calculs Arithmétique & Algébrique, la Géométrie, la Méchanique, la Pouffée des terres & des voutes, quelques connoiffances des propriétés de la Parabole pour la conftruction des cheminées : un Menuifier, un Charpentier, un Tailleur de pierres, &c. . . . doivent avoir des notions d'Arithmétique, de la Géométrie théorique & beaucoup de pratique. Mais dans tous ces différens états,

---

(*a*) J'entends le Calcul poffédé à fond ; car il faut au moins quelques notions d'Arithmétique pour l'intelligence de la Géométrie.

principalement dans ces derniers, il faut du Deſſin, c'eſt-à-dire de la figure, du payſage & de l'ornement, ainſi que beaucoup de Phyſique expérimentale (*a*).

Il eſt donc prouvé que, quand les Éducateurs des Colleges enſeigneroient bien le Latin aux jeunes gens, leur véritable deſtination n'en ſeroit pas mieux remplie : il faut à l'Etat des hommes, des Citoyens. Des Citoyens, dites-vous ! Hé ! y a-t-il encore une Patrie ? Oui ſans doute; mais il eſt vrai, que n'entrant plus pour rien dans l'Education, la jeuneſſe d'aujourd'hui ne ſent pas le prix du ſçavoir, qui la mettroit en état de s'acquiter de tout ce qu'elle doit à Dieu, à ſon Roi, à ſa Patrie, à ſes Parens, à la Société, à ſes Supérieurs, à ſes égaux, à ſes inférieurs, à

(*a*) Je ne puis indiquer rien de mieux à ceux qui font leurs exercices à Paris, que les Leçons de Phyſique expérimentale gratuites faites par M. Nollet, qui eſt un Sçavant unique en ce genre, au College de Navarre tous les Mardis, Jeudis & Samedis à onze heures du matin : le cours commence après la Saint-Martin, & finit dans le mois d'Août.

ses amis, à ses ennemis, à ses devoirs
& à sa profession. Il n'en seroit pas de
même du plan que je propose ; agréé &
dirigé par les Chefs éclairés que com-
mettroit le Gouvernement, & vis-à-vis
desquels tout intérêt particulier dispa-
roîtroit, le bien général étant leur unique motif, l'Esprit de Dieu coopéreroit
sans doute à leur travail, ensorte qu'ils
admettroient sans aucune prévention
les moyens les plus efficaces, pour former de bons fils, de bons maris, de bons
peres, de bons amis, de bons Citoyens,
en un mot des défenseurs zélés de l'Etat
& des Loix.

Comme il ne m'appartient pas, &
qu'il ne m'est pas même possible de
prononcer sur les moyens dont pourroit
se servir le Gouvernement pour asseoir
un tel Etablissement, ce seroit à la sagesse des Ministres, des Parlemens &
des Académies, à y pourvoir par l'application des fonds d'une Loterie Nationale,
ou du tiers des revenus de l'Eglise ; car,
comme la primitive Eglise étoit spécia-
lement chargée de veiller à la subsistance des indigens, (les Prêtres devant
feulement se contenter du nécessaire,)
& que l'on verra plus bas l'expulsion

des pauvres : il fuit, & il eſt de toute
juſtice & néceſſité, que l'Egliſe ſupporte
une grande partie des frais de l'Education générale.

Cet Etabliſſement a deux parties: l'une
où les enfans de toute condition, nobles
& roturiers, riches & pauvres, ſeroient in-
diſtinctement admis, & recevroient une
éducation commune depuis (6 ans) juſqu'à (12); l'autre où ils ſeroient reçus depuis (12 ans) juſqu'à (18), après être
décidés cependant pour un état. L'une
s'appelleroit *Ecole de Mœurs, de
Sciences & de Belles-Lettres*; l'autre,
*Académie Militaire, Académie Magiſ-
trale, Académie Financiere, Académie Commerçante, Académie des Arts
utiles, Académie des Arts agréables*,
ſelon que les enfans qui compoſeroient
chacune d'elles, ſeroient deſtinés par la
Nature (a) à la Guerre, à la Magiſtra-

____

(a) S'il eſt vrai que chacun naît avec ſon
talent diſtinctif, comme on n'en peut douter,
il eſt aiſé de comprendre de quel mal ſe rendent coupables envers Dieu & l'Etat, ceux qui
décident nettement du ſort de leurs enfans,
ſelon leur caprice & leurs préjugés : en effet,
quel abus ne font-ils pas de leur autorité, en

ture, à la Finance, au Commerce, ou aux autres Arts utiles & agréables. On pensera peut-être que j'oublie le principal & le premier de tous les états, qui est celui des Ecléſiaſtiques, non ; mais je deſire qu'il y en ait moins : une bonne moitié, des Prêtres, Moines & Abbés prennent cet état, parce qu'ils y ſont forcés, ſoit par la cupidité de leurs parens, ſoit par la diſette ou la fainéantiſe ; je ſouhaiterois donc qu'on ne laiſſât prendre le parti de l'Egliſe au ſortir de l'Ecole de Mœurs & de Sciences, qu'à ceux dont la modeſtie & la piété caractériſeroient la vocation : par ce moyen, nous n'aurions que de bons Prêtres, il n'en faut que de tels pour la bénédiction de l'Etat & l'édification des autres Religions.

---

faiſant un mauvais Eccléſiaſtique d'un Sujet qui auroit été bon Militaire ! Quelle injuſtice ne commettent-ils pas, en condamnant au Cloître une jeune perſonne qui n'y a nulle vocation, pour faire nager dans l'opulence un ſoutien, diſent-ils, de leur nom, & qui pour leur punition en devient ſouvent l'opprobre ! O combien de peres & de meres qui m'approuvent en me liſant, & n'en ſont peut-être pas plus diſpoſés à changer de conduite !

Il en feroit de même à l'égard des autres Professions : c'est-à-dire qu'un Eleve ne feroit admis à la fortie de l'Ecole de Mœurs & de Sciences, que dans celle des Académies du fecond âge qui lui conviendroit relativement à fes talens naturels, parce qu'étant établie chacune pour la diftinction des profeffions & par conféquent des états, il ne feroit pas dans l'ordre, par exemple, de recevoir dans l'Académie où l'on enfeigneroit la Magiftrature, des Sujets nés pour la Guerre, ou la Finance, ou le Commerce.

Mais, on obferveroit de ne permettre à aucun Citoyen du bas étage de ne faire apprendre un métier à fon fils qu'à la fortie de l'Ecole de Mœurs & de Sciences, c'est-à-dire feulement à (11 ans) accomplis ; la profeffion du pere feroit fans doute préférée, fi l'enfant y avoit un goût naturel, je le répéte, point de contrainte : ce que les Éducateurs décideroient fans partialité. A l'égard de la Médecine & de la Chirurgie, les chofes refteroient telles qu'elles font, pourvu néanmoins que les Eleves ne s'y appliquaffent qu'après avoir reçu l'éducation de l'Ecole de Mœurs & de Sciences, qui seroit celle du premier âge (a).

Une attention sur laquelle je desirerois que le Gouvernement fût de la plus
grande sévérité, ce seroit de ne jamais
permettre, qu'on reçût un Eleve dans
le Service, ou la Magistrature, ou toute
autre profession que ce soit, qu'il n'ait
obtenu des titres d'habileté des Chefs
de l'Académie où il auroit été instruit
depuis (12 ans) jusqu'à (18), sinon il
y seroit renvoyé six mois, un an, autant
qu'il seroit jugé convenable. Ceux qui
ne seroient point placés par le Gouvernement, seroient rendus à leurs parens,
pour les établir eux-mêmes, & répondre de leur conduite; mais l'Etat place-
roit ceux dont les parens seroient dans
l'impuissance de les pourvoir.

Suivant les vues du feu Czar, je crois
qu'on pourroit permettre aux Parens
seulement en état du côté de la fortune
& du sçavoir, d'instruire ou de faire

(a) Je desirerois que la sortie des études
d'un jeune homme pour entrer dans le Monde,
se fît avec une sorte de pompe qui lui en im-
posât sur la nécessité de remplir ses devoirs avec
distinction.

élever leurs enfans fous leurs yeux ;
mais en les préfentant fouvent, ainfi
que leurs Gouverneurs & Précepteurs
aux Chefs & Éducateurs, foit de l'Ecole
de Mœurs & de Sciences du premier âge,
foit de l'Académie du fecond âge , pour
être examinés : cet ufage ne feroit point
pratiqué envers ceux qui n'auroient pas
de fortune & qui ne gagneroient leur vie
qu'avec peine. Il eft aifé de preffentir
que mon intention eft, que les Citoyens
même du dernier rang, ne foient pas
négligés. Oui ! tranchons le mot ; les
pauvres même, les enfans des pauvres
feroient enlevés pour jamais à l'indi-
gence (a) , & feroient placés fans diftinction à côté des premiers de l'Etat.
Citoyens comme les Nobles & les

(a) L'expulfion des pauvres n'eft point un
projet chimérique : un Religieux d'un rare
mérite fit difparoître les pauvres au commencement du fiécle en Franche-Comté, dont il
en refte encore des traces, & en Sardaigne où
il fut appellé : un Académicien célèbre, M. L.
D. de qui je tiens ceci, fit venir l'ouvrage qui
traitoit cet objet intéreffant, en parla forte-
ment au Cardinal de Fleury ; ce Miniftre en de-
fira l'exécution, mais il ne fut pas fecondé.

Riches,

Riches, la pauvreté feroit-elle donc un
titre pour qu'on les abandonnât au plus
trifte fort ? Quelle honte pour la Religion de laiffer périr fes enfans ! Quelle
dureté de la part des hommes de voir
avec la plus grande tranquillité leurs fem-
blables manquer du néceffaire, tandis
que chez la plus grande partie d'eux
abonde le fuperflu ! D'ailleurs quels
font les honnêtes gens qui ne rougiffent
pas de voir plus d'un tiers des enfans de
l'Etat perdu pour lui, par la raifon qu'on
l'abandonne à la mifere, & par conféquent à l'irréligion, au vice & à l'ignorance qui en font une fuite néceffaire !
Un Auteur (*a*) du premier mérite dans
le genre de l'Education, dit : l'ignorance eft mere de l'oifiveté, & l'oifiveté
l'eft de tous les vices. N'en doutons
point, ces petits vagabonds qui n'ont ni
feu ni lieu dans le monde, où ils font
toujours errans au gré de la paffion &
du befoin qui les guident, voilà la pé-
piniere de ces fameux fcélérats qui,
après avoir été la terreur des forêts &
des routes publiques, viennent dans
nos Villes étaler fur un échafaud l'op-

____

(*a*) M. de Vaniere.

C

probre de l'humanité avec l'horreur &
la punition de leurs crimes. (*a*) Quel
bonheur pour ces hommes au contraire
& pour tout le genre humain, si l'on vouloit prendre la peine de remonter jusqu'à l'origine de tous ces maux, & la
voir dans le défaut d'Education! Que
de soins, que de dépenses, que d'in-
quiétudes, que de précautions, que de
meurtres, que de punitions, en un
mot, que de malheurs & de crimes
n'éviteroit-on pas! Il est tel Chef de
voleurs qui a coûté à l'Etat pour le faire
punir, vingt fois plus qu'il n'en n'eût
fallu, pour en faire un honnête homme,
& peut-être même un des plus grands
hommes à tous égards, si la main d'un

(*a*) Il n'y a presqu'aucun de nous qui ne
fût capable des mêmes forfaits, si l'Education,
toute imparfaite qu'elle est, n'eût redressé nos
mauvais penchans : que seroit-ce si elle étoit
plus conforme à sa destination, & administrée
aux pauvres ainsi qu'à tout ce qui compose le
menu peuple! Il vient de paroître un Arrêt par
lequel on doit obliger tous les Mendians à ne
plus incommoder le Public : sans doute qu'on
veillera au moins à ce que la vie leur soit rendue
plus douce dans les Hôpitaux que par le passé ;
& que leurs enfans soient aussi bien élevés que
les autres Citoyens.

habile Educateur eût tourné son génie, ses talens, la fierté, l'intrépidité, la hardiesse de son courage, & ses autres sentimens du côté de la vraie gloire. Cependant, ces petits vagabonds que l'on voit avec tant d'indifférence, ne devroient pas être frustrés des secours de l'Education. Il est certain qu'il y a quelqu'un à qui le Seigneur en a commis le soin, & qui lui répondra du salut de ces malheureux, & de tous les désordres qu'entraîne leur vie errante & criminelle.

Le premier lieu d'instruction que je destine à tous les enfans de l'Etat en général, est donc ce que j'appelle (Ecole de Mœurs, de Sciences & de Belles-Lettres), dans laquelle payeroient (400 livres) de pensions ceux qui seroient riches; on y enseigneroit depuis (6. ans) jusqu'à (12) ce que j'indique par le (premier âge): la Lecture, l'Ecriture & la Religion; le Calcul & la Géométrie; la Géographie, la Chronologie & l'Histoire; la Physique Expérimentale & le Dessein; le Français & le Latin jusqu'à la Seconde inclusivement; à l'égard de la Rhétorique & de la Philosophie, on les réserveroit pour le se-

cond âge , où on les enseigneroit avec
le Grec seulement dans les quatre premieres Académies , les Artistes n'en
ayant nul besoin. Cette Ecole seroit ré-
pétée à Paris & dans les Capitales du
Royaume autant comme il seroit nécessaire , & à la maniere des Colléges ,
avec des sous-Ecoles comme les Pensions , où le même plan seroit suivi
avec l'exactitude la plus scrupuleuse.
Ces sous-Ecoles de Mœurs , de Sciences
& de Belles-Lettres , seroient soumises à
la même loi que la grande Ecole , c'est-
à-dire qu'elles rendroient les enfans à
(11 ans) accomplis. Je ne demande-
rois point avec M. le Franc , (2ᵉ partie , 3° Edition) qu'on réduisît nos
Ecoles à un plus petit nombre , mais je
souhaiterois qu'on y mît de meilleurs
maîtres, c'est-à-dire, qui fussent choisis ,
non par la brigue & la faveur , mais
par la connoissance & le bon gout. Ce
seroit vouloir soutenir un paradoxe ,
d'avancer qu'on ne pouroit faire de
bonnes Etudes , à moins qu'on en sup-
primât beaucoup ; ce n'est pas non plus
ce que prétend M. le Franc : son intention est de faire remarquer seulement , qu'on étudioit mieux autrefois
parce qu'il étoit plus aisé de pourvoir

de bons Maîtres le petit nombre de Colléges de ce tems : cela est à la vérité difficile pour une plus grande quantité, mais non impossible. Je crois que deux choses seroient encore indispensables : l'une, qu'on ne remette point l'Education entre les mains des gens d'Eglise, dont l'unique occupation doit être de prier Dieu, & de travailler à l'édification du Prochain dans le silence & la retraite, parce que d'ailleurs, la dissipation occasionnée par les soins extérieurs de l'Education, est presque toujours un prétexte au relâchement ; l'autre, qu'on n'y introduise point les baladinages & les spectacles de nos Colléges, dont les inconvéniens sont pires à bien des égards, que les prétendus avantages qui sont, dit-on, le développement & le bon air : les Ecoliers en sont-ils moins stupides avec les personnes qu'ils craignent, & moins impertinents avec ceux qu'ils ne croient pas devoir redouter ?

Pour moi, je puis assurer avoir vu de bien près, dans un des bons Colléges (*a*) du Royaume où j'ai professé

______

(*a*) Pontlevoy.

longtemps, qu'une pièce deftinée au bouquet du Directeur, détournoit les Ecoliers plus de deux mois, fans compter le dégout que leur infpiroit cette diffipation pour leurs exercices, & à l'occafion de laquelle ils faifoient fouvent la loi à leurs Maîtres. Au défaut de Moines & Abbés on choifiroit donc des Séculiers non Célibataires, (parce qu'il faut que des Educateurs tiennent à la Société pour s'y intéreffer véritablement, d'une piété reconnue & d'un mérite diftingué. *D'une piété reconnue* : il n'y a point de milieu, dit l'auteur que j'ai cité (p. 49), le cœur de l'homme n'a que deux maîtres , Dieu ou la paffion. Ce principe inconteftable une fois établi, que ce Pere qui ne veut point, pour me fervir de l'expreffion vulgaire , faire un Capucin de fon fils , raffemble autour de cette malheureufe victime de fon erreur, les Maîtres les plus habiles, qu'ils verfent à pleines mains fur leur Eleve tous les tréfors de leur art ; quils en faffent un prodige de fçavoir & de politeffe : ce n'eft point l'homme, c'eft la paffion qu'ils arment & qu'ils décorent , fi l'idée de Dieu n'a pas été la pierre fondamentale de l'Education. La

paſſion, qui ne redoute que cette idée
ſeule capable de la dompter, ſe joue
de la leçon & du Maître. Envain s'efforce - t'on de la chaſſer du cœur du
Diſciple, inébranlable à toutes les attaques, elle y croît, elle s'y fortifie,
elle y regne ; & ſon Empire, quoique
renfermé au fond du cœur par la crainte, n'en eſt ni moins fort, ni moins
terrible, ni moins dangereux. Enfin
arrive cet âge fatal où n'étant plus gé-
née par la préſence des Maîtres, elle
domine en Souveraine, éclate & triom-
phe. C'eſt donc par la connoiſſance de
Dieu que l'Educateur doit commencer
le cours de ſes opérations. En établiſ-
ſant ce principe, mon idée n'eſt pas
de donner l'excluſion aux autres devoirs
qui regardent la conduite ordinaire de
la vie, ni aux autres connoiſſances qu'on
acquiert dans le bas-âge, & qu'on ne
peut acquérir qu'alors. Je veux dire,
que la connoiſſance de Dieu doit être
l'objet dominant autant qu'il ſe pourra.
Eſt-il rien de plus juſte, de plus naturel
& de plus raiſonnable? Cette connoiſſance eſt la ſource & l'unique ſource
de toutes les vertus & de tous les biens.
L'éclat de cette vérité a percé juſques

dans les ténébres du Paganifme. (C'eft
dit Cicéron (*a*), dans la contempla-
tion des merveilles de la nature que
l'efprit humain puife la connoiffance de
Dieu, connoiffance qui produit la piété,
& avec elle la juftice & les autres vertus, d'où réfulte une vie heureufe.)
L'Educateur doit s'appliquer avec d'autant plus d'ardeur à porter, par la voie
dont nous venons de parler, l'idée de
Dieu dans l'ame de fon Eleve, que cette
opération affoiblit beaucoup les obftacles, & diminue de la moitié le travail
du Maître & du Difciple. C'eft un
Vaiffeau qui a le vent en pouppe, &
qui vole au Port. *D'un mérite diftingué :*
deux fortes de mérite doivent confti-
tuer les talens de l'Educateur, le mérite
naturel & le mérite acquis par l'art ;
l'un fans l'autre ne produira par fes
foins que très-peu d'effet. Quelle eft
donc fa deftination ? Un efprit à éclairer, à orner & enrichir de connoiffan-

---

(*a*) Quæ contuens animus accipit ab his
cognitionem Dei, ex quâ oritur pietas, cui
conjuncta juftitia eft, reliquaque virtus è qui-
bus beata vita exiftit. *Cicero de nat. Deor.*

ces utiles & néceſſaires ; un choix judicieux à faire de tout ce qui peut ſervir
de matiere à l'inſtruction ; un air aimable , un air de badinage à donner
même aux leçons les plus ſérieuſes : un
goût à former ; la juſteſſe du raiſonne-
ment, les graces de la penſée , de la
diction & du ſtyle à donner ; des talens à développer , à cultiver & à exer-
cer ; des idées à peindre , pour les faire paſſer par l'imagination , juſqu'à un
eſprit encore trop jeune pour en ſaiſir la
ſpiritualité ; des mœurs à adoucir &
à polir ; des vertus à faire naître ;
une raiſon à former ; des goûts per-
vers à combattre ; des volontés à
plier & quelquefois à rompre , mais
avec une douce violence ; un cœur à
défendre contre l'ennui, la langueur,
le dégout & la pareſſe , contre les at-
traits empoiſonnés de la volupté, contre la séduction de l'exemple, & cela,
tantôt avec les armes de la fiction, tantôt
avec celles que prête à l'émulation l'hiſtoire des hommes que l'éclat de leurs
vertus, de leurs actions, de leurs talens ou de leurs ſciences, a rendus cé-
lebres, tantôt par l'adreſſe à ménager
à ce jeune cœur des plaiſirs innocens

tantôt par la force des puiſſans motifs que l'honneur & la Religion lui préſentent ; des paſſions à dégouter des objets ſenſibles auxquels elles s'attachent, & à tourner vers le centre de la vraie félicité, où elles doivent toutes ſe réunir ; des foibleſſes à diſſimuler ; des momens favorables à ſaiſir ; des ſentimens à exciter, à cultiver, à élever & à ſeconder ; des routes ingrates & quelquefois obſcures à éclairer, à abréger, à applanir & à fleurir ; le tempérament, le regard, la parole, l'air, le port, la démarche & les manières à former, & cela dans un corps ſuſceptible de toutes ſortes d'impreſſions & de mouvemens : en deux mots une foule de devoirs à faire connoître, goûter & pratiquer, & à qui ? à un être libre & volontaire ; à un être dont les goûts, les penchans, l'humeur, les caprices & les paſſions oppoſent toujours quelque nouvel obſtacle à l'Educateur, & demandent par conséquent une ample proviſion de moyens pour en triompher, & à chaque inſtant le choix du plus convenable ; à un être qui veut dans celui qui le guide, une main douce & légere, mais ferme,

& dans le reméde à ſes maux, l'opération délicate; quel art tout cela ne
demande-t'il pas?

L'Education des enfans ainſi préparée
dans l'Ecole de Mœurs & de Sciences,
ils paſſeroient chacun à (12 ans) dans
l'une des Académies dont j'ai parlé,
(p. 28 & 29), qui auroient auſſi leurs
ſous Académies relatives : où ceux reconnus nés pour les armes apprendroient l'art de la guerre qu'on enſeigneroit à fond dans l'Académie Militaire; où ceux deſtinés à la Juriſpru-
dence, s'appliqueroient dans l'Académie Magiſtrale à toutes les parties ré-
latives au Barreau & à la Magiſtrature,
ainſi des autres, c'eſt-à-dire des quatre
dernieres Académies, qui n'admettroient que des ſujets décidés pour la
profeſſion qu'on apprendroit dans chacune d'elles.

A l'égard de la Marine, elle a des
Ecoles dans différentes Places Mariti-
mes du Royaume; mais le dirai-je? je
ſçais de bonne part, qu'à peine en ſort
t'il deux ſujets inſtruits, contre une
centaine d'ignorans : dans quels lieux
publics d'inſtructions le relâchement ne
s'eſt-il pas introduit! Athênes ne ſe ren-

dit refpectable à fes ennemis orgueil-
leux que par la fage prévoyance de
Thémiftocle qui fçut faire de la Marine l'objet principal de fa politique : en
effet, l'inftruction des jeunes Marins &
la conftruction de dix vaiffeaux par an ,
rendirent cette République riche & flo-
riffante. *Je préfume que la vigilance du
grand Miniftre qui nous gouverne nous
rendra à cet égard notre ancienne fplen-
deur.* M. de Folard dit : ,, La premiere
,, guerre Punique avoit appris aux Ro-
,, mains combien une puiffance fe rend
,, redoutable à fes voifins , lorfqu'elle
,, eft fournie d'une bonne Marine , &
,, qu'elle met tous fes foins à fe la con-
,, ferver forte & nombreufe. Les Ro-
,, mains avoient éprouvé combien les
,, Carthaginois s'étoient fait craindre fur
,, Mer par le grand nombre de leurs
,, navires de guerre , & encore plus fur
,, Terre : car qui eft maître de la mer
,, l'eft de la Terre. ,, *Il feroit à fouhai-
ter que cette maxime fût écrite fur toutes
les portes de l'Appartement d'un Roi de
France , qui a des voifins qui en connoif-
fent parfaitement la vérité.* (*Note a p.*
232. Liv. II. Chap. IV. Tom. III.)

Il faut remarquer que je ne fupprimela Rhétorique & la Philofophie aux enfans du premier âge, que pour ne rien faire apprendre d'inutile à ceux qui fortiroient de cette premiere Ecole pour paffer dans celle des Arts, qui feroient la cinquieme & la fixieme ; mais les Enfans qui entreroient dans l'une des quatre premieres Académies, apprendroient ces deux fciences qu'on auroit foin de fimplifier & de réduire à moins de principes & plus de pratique, & furtout peu de Logique (*a*) & de Mé-

____

(*a*) Je crois en effet que le plus effentiel de la Logique eft l'application comme dans les autres Sciences ; peut-on ne pas convenir que le Philofophe ne donne que des principes généraux de Logique, tandis que le Mathématicien en donne toujours de particuliers relativement à l'application continuelle qu'il ne peut fe difpenfer d'en faire, je m'explique : qu'eft-ce que la folution ou la démonftration d'une propofition de Calcul ou de Géométrie ? C'eft un raifonnement fimple dans fon origine, fondé fur l'un de ces trois Principes : Définitions, Demandes, Axiomes, ou plufieurs Axiomes, dont on déduit de proche en proche un nombre de vérités fondées fucceffivement les unes fur les autres, & dont la con-

taphyfique comme on les enfeigne aujourd'hui. Enfin, on inftruiroit toujours
les fujets dans chacune des Académies
fufdites, par la voie agréable, intéref-
fante & d'application, qui eft la plus
fure & la plus efficace pour exciter la
jeuneffe au travail. A l'égard de ceux
en qui on auroit reconnu dans l'Ecole
de Mœurs & de Sciences, une vocation
certaine pour le Cloître ou l'Etat Ecclé-
fiaftique, on les diftribueroit à l'ordinaire dans les Monaftères ou Séminai-
res.

Il feroit encore effentiel que le Gouvernement & les Parens foufcriviffent
à ce que les Directeurs, fuivant le rapport des Educateurs, auroient cru devoir décider fur la deftination des fujets admis, je m'explique : il eft dans
l'ordre de la Sageffe divine que chaque Citoyen naiffe avec fon talent dif-

---

clufion fournit la folution ou la démonftration
requife. Qui niera que cet ordre & cette cir-
confpection dans la conduite du Géometre ne
foient fondées fur la plus faine Logique ? Donc,
les Mathématiques apprendront plus de Logique que la Logique des Colléges.

tinctif ; & comme la recherche de ce talent eſt ce qu'il y a de plus important pour le plus grand bien de la Patrie, (a) attendu 1°. que l'intention du Créateur dans la diſtribution de toutes choſes, eſt que chaque individu ſoit à ſa place, 2°. que chacun ne peut abſolument ſe rendre utile, qu'à proportion du rapport qui regne entre ſes diſpoſitions & l'emploi auquel on le deſtine : il ſuit qu'un Educateur intelligent & zèlé doit préalablement mettre tous ſes ſoins à faire éclore dans chaque Eleve qui lui eſt confié, le talent avec lequel il eſt né.

Comme les charités immenſes que diſtribuent aux paroiſſes quantité d'ames pieuſes & généreuſes, deviendroient inutiles, vu que ſelon mon plan il n'y auroit plus d'indigens ; le Gouvernement pourroit permettre à ceux qui en auroient la bonne volonté, de faire des

---

(a) M. de Juſti, Conſeiller des Mines du Roi d'Angleterre, dit que chaque Citoyen doit être occupé ſelon ſon génie, parce que c'eſt de la réunion de leurs talens que réſulte le bien de l'Etat.

dons, fans qu'on les extorquât, à l'Ecole de Mœurs & de Sciences ou aux Académies ; au refte , les revenus devroient être communs dans chaque Province, & même dans tout le Royaume. Leur intention feroit bien mieux remplie , puifque le fonlagement des Pauvres entre dans mes vues ; & qu'au contraire, malgré les richeffes que reçoivent les Prêtres , & que de mauvais efprits feroient tentés de croire qu'ils s'approprient (a) , nous fommes entourés de malheureux qui font toujours dans la plus grande mifére.

Je termine ici cette premiere partie de mon difcours , comme je l'ai commencé , en affurant de nouveau , qu'il n'y a que le Gouvernement qui puiffe opérer la réforme devenue fi néceffaire dans notre Education. Que j'aurois cependant encore de chofes à dire fur une matiere auffi abondante ! Que de reproches en effet ne pourrois-je pas hazarder de faire aux trois quarts des

____

(a) Sur une feule Paroiffe de Paris une grande Princeffe donnoit (40000 liv.) par an pour les pauvres.

peres & meres, qui n'ont rien moins
fait le plus souvent, que ce qu'il falloit
pour faire fructifier la bonne Education
qu'ils avoient intention de procurer à
leurs enfans ! Je me tais sur le passé,
puisqu'il n'est plus en notre pouvoir,
& je dis en deux mots pour l'avenir,
que nous n'aurons jamais de Citoyens
tels que nous les devons désirer, tant
que leur éducation sera abandonnée aux
caprices des Parens, dont les démarches,
si éclairées qu'on les suppose, sont presque toujours marquées au coin de l'intérêt, (a) & d'une infinité de préjugés.

Il me reste deux mots de réponse à
une objection qui m'a été faite par
quelqu'un dont j'honore les lumieres.
Vous ne sçavez donc pas, m'a-t'on dit,
que tout étant réglé par le Gouvernement, l'Education est par conséquent
sous ses yeux. Je ne disconviens pas de
cette vérité, & dont personne même

(a) On peut voir pour preuve de ce que
j'avance, une lettre à M. l'Abbé Blot sur les
inconvéniens de l'Education domestique (premier volume du Mercure de Juillet 1760, pag.
49 & suivantes.)

ne doute ; je fçais que l'établissement
& la manutention des Colléges font
fous la protection du Roi ; je fçais
auffi que l'intention du Souverain eft,
que les Profeffeurs & Maîtres foient
tels que leurs bonnes mœurs & leur
habileté ne puiffent fe révoquer en doute ; mais indépendamment de la marche que je viens de prouver vicieufe,
quel abus ne fait-on pas de la confiance
du Prince en nommant des Sujets, qui
poffédent moins les vertus indifpenfa-
bles de douceur, de zèle, d'encourage-
ment, que l'impatience, la dureté, la
mal-adreffe & le dégout de leur état !
Ne voit-on pas tous les jours des Profeffeurs fortant de deffus les bancs,
entrer dans cette pénible & laborieufe
fonction d'Educateurs, qui demande-
roit des hommes confommés, & dans
laquelle il eft impoffible, même avec
la meilleure volonté, que l'expérience
& la fcience ne s'acquierent toujours
aux dépens de l'avancement des Ecoliers ? D'ailleurs, qui peut douter que
le choix des Educateurs ne doive être
fait avec les mêmes précautions, que
celui des autres enfans de l'Etat, dont
je confeille qu'on étudie les talens na-

turels avant de les employer : voyez au reste la note de la page (33), mais le dirai-je ? Le seul titre de Maître ès-Arts tient lieu de tous les talens dans notre Université ; tandis que par ce seul obstacle, on manque souvent d'employer les meilleurs Sujets. Enfin, ces Messieurs imaginent avoir fait tout leur thême, après avoir montré quelques mots de Latin ; ils oublient, ou plutôt ils ne connoissent pas la multitude des devoirs qu'ils ont à remplir : j'en ai détaillé une partie aux pages (32, 33, 34, 35 & 36).

DEUXIEME MOYEN.

Ne jamais abandonner la Jeunesse à elle-même.

Tout le monde convient que le plus grand mal qu'on puisse faire aux Ecoliers, c'est de les abandonner trop à eux-mêmes, hors le tems du travail. Je n'avancerai pas plus qu'il ne faut, en assurant qu'ils ne sçavent que polissonner, jurer & se battre ; au reste, leurs jeux se ressentent de la pédanterie & de la rusticité avec lesquelles ils sont élevés : les châtimens pour les petits, & les apostrophes grossières par rapport aux grands, sont à peu près les seuls moyens que connoissent la plupart des Éducateurs, & sur-tout les Régens & Maîtres de Quartier. Il est des régles d'une bonne discipline, de proportionner le nombre des Surveillans à la quantité des Ecoliers : cela est si nécessaire, que la Jeunesse des pensions où cette proportion est mieux gardée, est, pour l'ordinaire, moins décidée, plus modeste & plus polie que celle des Colléges ; y a t'il rien de si impudent qu'une troupe d'Ecoliers en récréation, même avec leurs Maîtres ? Que d'effets n'en a-t'on point vus au Cours & ailleurs ! J'ai plus d'une fois été témoin dans le Collége où j'ai professé, qu'un Religieux qui servoit de Régent à une trentaine d'Ecoliers, ne pouvoit parvenir le plus souvent à ramener le soir sa troupe sous ses yeux. Moi j'y ai réussi dans tous les tems, par deux raisons : la premiere, c'est que j'ai toujours mis mes Ecoliers sur le pied de ne jamais rien faire que de mon aveu, en sorte qu'une fois l'ordre donné pour qu'on ne me quittât point, je ne le révoquois jamais; la deuxieme, c'est de n'avoir guere employé la rigueur, que quand les ressources me manquoient absolument du côté des sentimens : voie presque toujours efficace lorsqu'elle est mise en œuvre dès le bas-âge.

Un grand sujet de désunion que j'ai encore remarqué entre les Maîtres & les Ecoliers, c'est le caractère remuant de ceux-ci, ce qui est néanmoins plus fort qu'eux, mais auquel le pédantisme de l'Educateur ne peut s'accommoder : on dit cependant vulgairement des gens qui ne peuvent s'accorder & qui sont faits pour vivre ensemble, que le plus raisonnable doit se prêter aux foiblesses de l'autre ; l'Educateur doit pareillement condescendre à la vivacité de ses Eleves, & leur apprendre bien des choses, pour ainsi-dire, en courant : l'attrait du plaisir est le plus sûr moyen pour réussir insensiblement à fixer leur inconstance. Que chacune des Ecoles ou Académies proposées, soit donc aussi nombreuse qu'on voudra, pourvu que les Ecoliers ayent une grande maison dans un beau quartier bien aëré, ou plutôt

à la campagne , où ils puiſſent avoir
chacun leur petite chambre propre &
bien arrangée, avec toutes leurs commo-
dités;ces choſes les intéreſſant plus qu'elles ne valent, entrent dans les vues de
l'Educateur ; que vingt quatre au plus
ſoient continuellement ſous la garde
de quatre Chefs aimables , éclairés &
complaiſans , tant pour leur inſtruction que pour leurs plaiſirs, & qu'on
les faſſe ſervir par quatre bons domeſ-
tiques ſages, intelligens & incorrupti-
bles.

1º De ces quatre Educateurs pour
l'Ecole de Mœurs & de Sciences, c'eſt-
à-dire l'Education commune, le premier enſeigneroit la Lecture & l'Ecriture , bien entendu qu'il ne ſe mêleroit
pas de montrer le Calcúl ; (*a*) on ſe

(*a*) Qui eſt-ce qui ne conçoît pas , pour
peu qu'il raiſonne , que le défaut d'approfondir le Calcul vient de ce qu'on l'apprend preſque toujours des Maîtres d'Ecriture ? L'Ecriture & le Calcul n'ont aucune connexion, enſorte que , ſi le Maître veut exceller dans les
deux parties , comme il le doit néceſſairement,
l'application qu'il donne à l'une fait toujours
tort à l'autre. Il n'en eſt pas de même du Fran-

garderoit bien aussi de faire épeller la

çais ; on écrit des mots qui doivent être bien orthographiés ; on peut donc apprendre la Langue conjointement avec l'Ecriture. Ceci me fait naître une remarque & un desir qui en seront le correctif : on donne toujours aux jeunes gens des exemples composés de mots baroques & d'une longueur ridicule ; au lieu que des phrases courtes pour les Commençans tirées de bons Auteurs traduits, comme Ciceron, Virgile & autres, ou des abrégés d'Histoire à l'égard des plus avancés, intéresseroient & instruiroient incomparablement mieux la jeunesse. Voilà ce qui est vraiment du ressort des Ecrivains ; mais ces MM. veulent enseigner ce qu'ils ignorent pour l'ordinaire , je veux dire l'Arithmétique , & tiennent des Sujets plusieurs années, pour leur apprendre ce qu'on appelle vulgairement les quatre Régles : besogne qui est toujours faite entre les mains des Mathématiciens en moins de deux ou trois mois. Qui niera donc que l'Arithmétique étant du ressort & le rudiment des Géometres , ils font bien plus en état de l'enseigner & de l'approfondir , comme aussi d'enseigner les Changes plus briévement, par le moyen des signes & du procédé algébrique ? Il y a plus , c'est qu'il est inconcevable qu'on ait laissé extorquer aux Ecrivains la qualité de Mathématiciens : que dis-je ? Il ne faut pas leur envier cette légere satisfaction , c'est un hommage qu'ils rendent à nos Sciences.

jeunesse; je n'ai point suivi cette ridicule méthode à l'égard de ma fille,
& je m'en suis bien trouvé Pour bien
épeller, il faut raisonner; & comme
le jugement ne participe nullement à
un tel raisonnement, il suit que ce raisonnement ne peut être du ressort des
enfans. Ces deux parties ne s'apprendroient pas sans fruit, car faisant lire
& écrire le Latin & le Français de la
méthode dont je parlerai au Moyen suivant, on familiariseroit de bonne heure
la jeunesse avec les Auteurs célèbres
qui devroient faire un jour ses délices.

2° Le deuxieme instruiroit les Ecoliers de la Religion, & feroit son unique étude de la rendre aimable & respectable, tant par son exemple que par
ses instructions : l Etude de l'Histoire sur
l'Ancien Testament, seroit de son ressort.

3°. Le troisieme feroit faire de bonnes Etudes aux enfans, sans oublier le
Français, comme on le fait aujourd'hui;
ils feroient d puis leur Sixieme jusqu'à
la Rhétorique exclusivement avec le
même Maître, car je ne puis me dispenser de condamner la méthode si peu
raisonnée, de faire passer les Ecoliers
sous

fous sept Maîtres différens : ai-je befoin de faire fentir que beaucoup d'inconvéniens furpaffent un très-petit
avantage qu'on y rencontre ?

4° Enfin , le quatrieme Educateur
leur apprendroit le Calcul & & la Géométrie ; la Géographie , la Chronologie & l'Hiftoire ; la Phyfique expérimentale & le Deffein , d'une façon nette
& détaillée.

A l'égard des Académies, les enfans
y auroient toujours le même nombre
d'Educateurs par troupe de vingt-quatre,
dont les fonctions changeroient rélativement à l'état qu'ils auroient embraf-
fé (les enfans) , hors un feul Educateur qui feroit conftamment pour la
Religion dans chaque Académie , cette
Science étant celle qu'on ne fçauroit
apprendre trop à fond. Les trois autres
feroient à l'égard de l'Académie Militaire : un Géometre pour les hautes parties de Mathématiques , les Sections
Coniques, la Méchanique , la Phyfique
expérimentale , l'Attaque , la Défen-
fe, (a) & la Tactique ; un Hiftorio-

(a) On ne feroit deffiner que très-peu de

D

graphe qui entendit la Géographie &
la Chronologie , la Politique & les
Intérêts des Princes ; un Architecte qui,
en enseignant l'Architecture , leur ap-
prit la Figure & le Paysage. Les quatre
Educateurs de l'Académie Magistrale ,
seroient , un Maître toujours pour la
Religion ; un pour leur enseigner le
Droit Civil , le Droit des gens, la Pratique & l'Eloquence du Bareau ; un
troisieme qui leur feroit achever leurs
Etudes depuis la Rhétorique , leur apprendroit le Grec & les Belles-Lettres;
un quatrieme les instruiroit sur la Géographie & l'Histoire. Les Académies
de la Finance , du Commerce & des
Arts , seroient pareillement pourvues
de quatre hommes en état d'instruire
dans le genre de leur destination.

Comme je souhaiterois que les jeunes gens ne prissent point un état avant
l'âge de vingt ans pour entrer dans le

Fortification aux jeunes gens destinés à être
Officiers ; car, cette partie les détourne & les
dégoute des plus essentielles , par le plaisir
qu'ils y trouvent en ne travaillant que machi-
nalement : j'ai reçu cet avis d'un Officier supé-
rieur du premier mérite.

monde , & ne fe décidaſſent qu'à 30
pour y renoncer ; il reſteroit deux années au fortir des Académies , à ceux
qui auroient befoin de faire leurs exercices , qui concerneroient la Danſe , les
Armes & le Cheval : ils entreroient
pour cet effet dans des Académies ,
comme les deux que nous avons à Paris , mais où ils feroient veillés comme dans les Ecoles précédentes , à la
vérité de moins près , afin d'apprendre
à ſe conduire eux-mêmes. Ces Académies feroient auſſi réformées, comme
je le dirai plus loin.

Deux conditions , je crois , feroient
indiſpenſables pour l'excellence & la
ſtabilité des bonnes Etudes des Ecoles
projettées ; la premiere , je le repete ,
que ces quatre hommes foient d'une
Religion & d'une habileté reconnues
avant d'être agréés , & tous gens
de lettres ; car il eſt conſtant que
tels feront les Educateurs , tels feront
à peu-près les Eleves. On ſçait que
nous fommes tous portés à l'imitation
en naiſſant , & qu'ainſi , faiſant & di-
ſant toujours bien devant les enfans ,
ils ne feront jamais mal. Cyrus dit :
Nous deviendrons nous mêmes plus

vertueux de jour en jour, en nous ef-
forçant de donner de bons exemples
aux jeunes gens ; & il sera bien difficile qu'ils se corrompent, lorsque
parmi nous, ils ne verront & n'en-
tendront rien qui ne les porte à la vertu, & qu'ils seront continuellement
dans une pratique d'exercices louables
& honnêtes (tiré par M. Rollin de la
Cyropédie de Xenophon, liv. 6.)

La deuxieme, qu'on fasse regner entre eux une parfaite égalité de confiance & de considération ; on ne peut
révoquer en doute que l'harmonie entre les Educateurs est un point essen-
tiel, pour que tous concourent au
plus grand bien & avancement possible des Eleves : mais tout le monde
sçait aussi, que telle bonne volonté
qu'ils ayent de vivre en bonne intelligence, cela est impossible dès lors
qu'on établit quelque différence entre
eux, soit par les émolumens, soit par
la distinction. Si l'on m'en croit, le
mérite seul les fera nommer, les rendra parfaitement égaux, & les main-
tiendra contre la brigue. Cela posé,
ils seront également utiles chacun dans
leur partie. De ce que tel Art ou telle

Science n'eſt pas ſi néceſſaire à un ſujet qu'à un autre, il ne s'en doit pas ſuivre que celui qui le profeſſe doive être un objet de mépris : tous les membres de la ſociété ſont eſſentiels à l'Etat.

Quant à la diſtribution du tems, on pourroit faire trois parts du jour dont neuf ſeroient conſacrées aux Etudes, ſix aux récréations, neuf au ſommeil dans l'Ecole de Mœurs & de Sciences; mais dans les Académies où le tempérament ſeroit plus formé, on travailleroit une heure de plus & on dormiroit une heure de moins. Et comme ce n'eſt qu'à l'aſſiduité du travail qu'on doit le ſuccès, (*Labor improbus omnia vincit.* Virg.) les leçons ſeroient continuées tous les jours ſans interruption matin & ſoir, hors les amuſemens néceſſaires au délaſſement de l'eſprit & du corps ; de plus, les Educateurs ſe concerteroient enſemble pour varier les exercices rélativement aux diſpoſitions des ſujets, dont on étudieroit avec ſoin les gouts, les tempéraments & les caractères, afin de les prendre tous par leur foible.

Pour donc que les vingt-quatre Eleves soient toujours sous les yeux de leurs quatre Surveillans, j'imagine que rien ne seroit mieux que de leur construire une grande salle en quarré long, dont les quatre coins seroient occupés par les Educateurs qui auroient chacun deux chambres & les Ecoliers une, dont douze seroient sur chaque long côté ; à l'égard des deux petites dimensions, l'une seroit occupée par la porte d'entrée & l'autre par une Chapelle, où un Aumônier leur diroit tous les jours la Messe, hors les premiers Dimanches du mois & grandes Fêtes, où l'on iroit à la Paroisse : on auroit par exemple de la peine à me prouver que sur deux cens Ecoliers sortans des Colléges & Pensions, il y en ait six qui connoissent le Missel (*a*) & le Diurnal (*b*) de leur Paroisse ; & en effet, vous faites rire un Ecolier quand vous lui parlez de ses devoirs envers

---

(*a*) Le Missel est un livre en cinq volumes, qui contient le service de l'Eglise pour tous les jours de l'année, seulement à la Messe.

(*b*) Le Diurnal est pour le service de l'après-midi.

cette Église, qui est pourtant la seule qu'on doive suivre & connoître.

Du reste, ce bâtiment seroit isolé dans ses plus grandes dimensions, afin d'y pouvoir pratiquer de grandes croisées, dont une partie répondroit dans la chambre de chaque Ecolier, & le reste au-dessus de son plafond pour éclairer la salle, dans laquelle il y auroit un poële à chaque bout, dont le tuyau circuleroit dans chaque chambre. (*a*) On conçoit qu'il y auroit au-

----

(*a*) Quelqu'un m'a dit : vous craignez donc le froid pour votre jeunesse ? Oui, je ne me pique point de vouloir imiter la tendresse barbare de ceux qui, pour fortifier, disent-ils, le tempérament des enfans, leur affoiblissent l'esprit & le corps par la mauvaise humeur & le mal-aise, en les faisant lever très-matin en hiver, & les laissant presque toujours sans feu ; c'est pourquoi, ces pauvres innocens ont les pieds & les mains couverts d'engelures. La preuve que cette Méthode ne remplit point sa destination, c'est qu'elle ne corrige nullement cette pente qui paroît régner dans la nature, par laquelle tout semble décliner.

Accoutumer la jeunesse à tout & à rien, voilà mon système ; il faut la faire croître en santé, en vigueur & en connoissances, par le contentement & le plaisir ; les endormir & les

tant de ces ſalles , que de fois vingt-
quatre dans le nombre des Ecoliers qui
compoſeroient chaque Ecole & chaque
Académie. Au reſte , comme il ſera à
propos de fixer le dégré & les différens genres d'Etude de cette Education , j'entrerai dans le plus grand
détail à cet égard par un autre plan ,
ſi celui-ci eſt goûté.

éveiller toujours gayement ; ce qui n'arrivera
pas , tant que leurs occupations ſeront pour
eux un objet de chagrin & de peine , tant que
leurs Educateurs ne ſe chargeront pas de tout
le fatigant de la beſogne , en leur levant juſqu'aux plus légeres difficultés.

Il eſt vrai que les Militaires auroient plus de
beſoin d'être mis à l'épreuve ; auſſi voudrois-
je que ceux qui entreroient dans l'Académie
Militaire , & dont le tempérament ſeroit formé , fuſſent exercés par degrés à faire quelquefois des marches forcées ; à faire des attaques
& défenſes de petits Forts conſtruits de leurs
mains ; à faire des conduites & des priſes de
convois ; enſorte que leurs récréations mêmes
ne ſeroient autre choſe que l'exercice , monter
la garde , le maniement des Armes & les évo-
lutions.

TROISIEME MOYEN.

Changer la méthode de la Langue Latine.

QUelqu'un avoit eû l'idée d'une ville Latine, pour l'instruction de la jeuneffe en cette Langue ; moi , je me reftreins & j'ofe être ferme dans mon fentiment à demander feulement qu'on parle plus Latin que François dans les Ecoles & Académies que je propofe : c'eft à-dire que les enfans parleront latin dans leurs travaux , dans leurs jeux, dans leurs promenades. Le François fera réfervé pour les circonftances où ils auront be-foin de fe communiquer , foit avec les domeftiques (qui ne feront pas exempts eux-mêmes d'inftruction) pour le fer-vice , foit avec les perfonnes qui les viendront voir, ou qu'ils vifiteront. Rien de fi fimple que la diction des cahiers de Calcul, de Géométrie, de Géographie , &c. . . . . . en latin ; je me rappelle avoir eu un Maître qui m'a fait faire un cours entier de Géo-métrie dans cette langue. De quelle

D v

maniere les Allemands , les Anglois apprennent-ils le François ? Ils viennent d'abord en France , lifent , parlent , écrivent & converfent continuellement dans notre langue ; & après quelque tems d'ufage , s'appliquent à la Grammaire : je parle au refte comme quelqu'un qui a fait fuivre cette marche avec fuccès à plufieurs Etrangers , & qui en offre la preuve , par un Prince que je viens d'élever de cette maniere. Mettons pareillement les enfans de l'Etat dans un pays latin , où l'on parle, life , écrive & converfe fans ceffe dans cette langue : qu'on engage même les jeunes gens à entretenir une correfpondance épiftolaire au-dehors , avec de ces Sçavans complaifans pour la jeuneffe , & intéreffés au bien de l'Etat. J'avoue que cette tâche eft des plus difficiles , il ne faut pas moins pour la remplir que des hommes d'un ordre fupérieur pour Educateurs. Au refte , cette fupériorité eft plus néceffaire dans la façon de penfer & le zèle , que dans les talens ; il faut à la vérité un fçavoir au-deffus du médiocre : mais principalement le défir & la patience de l'inculquer. Quoique le nombre des gens de cette espèce soit rare, l'émulation qu'inspireroit un tel établissement, feroit faire sans doute les plus grands efforts à ceux qui seroient doués de quelques talens ; d'ailleurs, je ne cache point que les émolumens & la distinction devroient être proportionnés à la fatigue & aux soins d'une telle besogne.

Entre les nouvelles méthodes qui ont été faites depuis que tout le monde crie à la réforme, il en a paru une qui a été accueillie préférablement par les Sçavans, & qui a procuré à son auteur une sorte de célébrité ; je veux parler de M. de Vaniere, Gentilhomme Languedocien, & neveu du célèbre Pere de Vaniere. Cet homme intelligent & habile en tout genre, aussi honnête que Sçavant & homme de Lettre, a trouvé, au rapport de tous les connoisseurs, le véritable art d'enseigner le latin en peu de tems. Ce qui me paroît incontestable, c'est que, outre le choix judicieux des meilleurs Auteurs latins, avec lesquels il familiarise la jeunesse dès ses premieres leçons, & qu'il a le talent de traduire supérieurement, la voie dont il se sert me paroît bien plus abrégée & est sans

comparaison plus riche que celle dont
on s'est servi jusqu'à présent, par les
quatre objets qu'elle renferme, qui sont
la magnificence du Créateur, la gloire
des vertus, l'avantage de l'Esprit orné,
l'horreur du vice.

Deux heures seulement par jour, au
lieu de huit, d'une telle Méthode, join-
tes à celle d'application que je propose,
il resteroit une grande partie de chaque
jour, pour être employée aux sciences, dont nous prouverons la necessité
indispensable dans le moyen suivant,
je veux dire les Mathématiques qu'on
ne connoît point dans les Colléges ni
Pensions, si ce n'est que de nom, &
qui sont cependant utiles à ceux qui
ne peuvent se passer du latin, & nécessaires aux personnes qui n'ont pas
besoin de cette langue. Enfin, on n'ap-
prendra jamais bien le latin aux enfans.
tant qu'on les commencera par cette
Etude, par la raison que ses principes
ne parlant point à l'Esprit, ils ne sont
nullement propres à le développer :
le Calcul & la Géométrie, la Géographie, la Chronologie & l'Histoire, la
Physique expérimentale & le Dessein,
toutes ces sciences mises à leur portée,

font au contraire de leur reffort, & les difpofent par conféquent à réuffir dans tout ce qu'ils entreprendront : quels progrès rapides ne feroient donc pas les langues, dans un fujet ainfi préparé !

QUATRIEME MOYEN.

Apprendre aux Enfans plus de Mathématiques, plus d'Hiftoire, plus de Phyfique expérimentale, &c.

J'AI dit ailleurs, & je ne crains point de le répeter ici, que les Mathématiques font d'une néceffité indifpenfable (même pour mieux réuffir dans le latin, dont l'Etude demande un efprit & une raifon déjà développés) à tous les Citoyens de quelqu'ordre qu'ils foient ; en effet, quel eft l'état, la profeffion où l'on puiffe dire ne pas avoir befoin de fagacité, de juftelle, de précifion, d'amour pour la vérité, vertu trop peu recherchée, & qui eft cependant l'abrégé de toutes les autres ? Non-feulement ces qualités font effentielles dans la Robe , l'Epée, la Finance , & le Commerce , les quatre colonnes de l'Etat ; dans l'Architecture, la Sculpture , la Peinture, l'Horlogerie, &c... mais aussi dans les Métiers qui semblent le moins parler à l'Esprit, puisqu'il est vrai que nous accordons tous les jours la préférence à ceux des ouvriers qui paroissent les plus intelligens. Eh ! cette intelligence n'est-elle pas une sorte de Géométrie naturelle, qui, si elle étoit aidée par quelques connoissances, acheveroit de développer les dons de la nature , ou du Créateur, qui percent au travers des nuages de l'ignorance ? Enfin, je le répete : le Militaire, le Magistrat, le Financier, le Commerçant, l'Artiste, l'Ouvrier, tous ont besoin des Mathématiques ; les uns plus, les autres moins, à proportion de l'importance des services que la Patrie est en droit d'exiger d'eux. L'homme oisif, s'il étoit vrai qu'on en souffrît selon mon plan, y trouveroit même de quoi charmer son ennui , & être moins insupportable à la société ; car je dirois bien comme Diogène, qu'un Fainéant ou un Ignorant est un poids fort à charge à la terre.

On enfeigneroit donc aux enfans l'Arithmétique, l'Algébre & la Géométrie, dont l'utilité ne peut p'us fe révoquer en doute ; je défirerois feulement qu'on s'y prît de la maniere que je l'indique dans un ouvrage que je vais hazarder de donner au Public en quatre volumes *in*-4°., dont les deux premiers font deftinés à toutes les profeffions, & conviendroient par conféquent à ceux qui feroient dans l'Ecole de Mœurs, de Sciences & de Belles-Lettres ; & comme les quatre font deftinés aux Officiers & Ingénieurs, les deux derniers pourroient fervir à l'inftruction des enfans qui feroient inftruits dans l'Académie Militaire : je crois pouvoir dire avec raifon, après les épreuves réitérées que j'en ai faites fur plus de 7 à 800 Eleves depuis 18 ans, que la théorie de mon ouvrage, quoique pouffée loin, eft tellement mêlée avec l'application, qu'elle ne s'y apperçoit pas. On ne pafferoit pas la Trigonométrie dans les Ecoles de Mœurs, de Sciences & de Belles-Lettres, ainfi que dans leurs Sous-Ecoles, attendu que la Méchanique, les Sections-Coniques, les Calculs diff

férentiel & Intégral, &c. . . . n'entrent
point dans le plan général d'Education
que je deſtine à tous les enfans du
premier âge ou depuis ſix ans juſqu'à douze. S'il reſte encore quelques
incrédules ſur la poſſibilité de mettre
les Mathématiques à la portée des enfans, telle que je crois l'avoir exécutée
dans mes quatre volumes, je les prie
d'examiner l'excellent diſcours de M.
de la Chapelle ſur cet intéreſſant article : il eſt à la tête de ſes Elémens
réimprimés en 1757.

Je parle de la néceſſité de l'Hiſtoire :
quelle quantité prodigieuſe de Grands-
Hommes ſe ſont immortaliſés par cette
voie ! Que de fameux faits de Guerre
les Carthaginois, les Grecs & les Ro-
mains ne nous fourniſſent-ils pas ?
Peut-on dire avec raiſon qu'il n'y a
plus de Places imprenables, comme ſi
les Baliſtes, Catapultes, & Beliers des
Anciens ne valoient pas au moins notre Artillerie ? Les Places ſeroient aujourd'hui d'une auſſi bonne défenſe,
ſous la garde de Commandans qui
imiteroient ceux qui défendoient Li-
libée, Jotapat & pluſieurs autres ; il
eſt certain qu'une bonne Place & bien

approvisionnée fournit des reſſources à l'infini ; (*a*) mais le préjugé entraîne ceux qui penſent ſouvent mieux qu'ils n'opérent. A l'égard de la Tactique (*b*) ne nous y trompons pas : le rempart des Etats exiſte moins dans les nombreuſes armées, (*c*) diſoit le Grand Turenne, que dans la bonne diſcipline, (qui conſiſte principalement à pu-

---

(*a*) M. de Sainte-Croix nous en a fourni un grand exemple, par ſa belle défenſe dans Belle-Iſle.

(*b*) M. le Chevalier de Folard nous a donné ſans contredit un morceau de Tactique, qui eſt un ouvrage unique en ce genre, quoiqu'en diſent les perſonnes prévenues, les ignorans & ceux qui jugent ſans examen ; & cependant par une fatalité qui a peu d'exemple, les Etrangers en font plus de cas que nous : nous penſâmes faire une triſte expérience de la bonté de cette colonne à Fontenoi.

(*c*) Quelle preuve ne nous en a pas donné deux fois en Flandre l'illuſtre Maréchal de Saxe, qui avec une armée ſeulement de 40000 hommes, en tint une dans l'inaction de près de 80000, qui n'oſa rien entreprendre pendant toute la campagne de 1744 ! O fortune ennemie, pourquoi nous enlevas-tu un tel appui !

nir rigoureusement, mais avec connoissance de cause, les lâches & les traî-
tres, de tel rang qu'ils soient, & l'habileté des Chefs, (j'entends par les
Chefs, Officiers Généraux & autres)
qu'en devroit former avec autant de
soin qu'à Sparte & en Perse du tems
de Cyrus. Parlant de Cyrus, écoutons
la belle leçon qu'il donne aux Militaires, dans l'entretien qu'il eût avec
Cambyse son Pere, en allant au secours
de Cyaxare son Oncle ; ce morceau
fait preuve de la profonde habileté de
Cambyse, & fait voir la nécessité où
sont ceux qui veulent l'imiter, de n'en
négliger aucune partie. (*a*)

(*a*) J'ai vû cependant des Officiers supérieurs, je le dis avec chagrin, convenir ne
point entendre la défense des Places ; ensorte
qu'avec beaucoup de valeur, la tête tourne
sitôt qu'on est enfermé dans une place atta-
quée ; on la rend à l'exemple d'un Capitaine
Suédois contre les Prussiens, pendant la derniere guerre, qui remit une Place aux ennemis sans tirer un coup de canon : sous vingt-
quatre heures il étoit cependant secouru,
couvert de gloire, & n'auroit point été cause
de la reddition de plusieurs Châteaux qui l'en-

Il s'agiſſoit de ſçavoir comment on pourroit rendre les ſoldats ſoumis & obéiſſants. Le moyen m'en paroît ſûr & bien facile, dit Cyrus : il ne faut que louer & récompenſer ceux qui obéiſſent ; punir & noter d'infamie ceux qui refuſent de le faire. Cela eſt bon, reprit Cambyſe, pour ſe faire obéir par force, mais l'important eſt de ſe faire obéir volontairement. Or, le moyen le plus ſûr d'y réuſſir, c'eſt de bien convaincre ceux à qui l'on commande, qu'on ſçait mieux ce qui leur eſt utile qu'eux-mêmes ; car, tous les hommes obéiſſent ſans peine à ceux dont ils ont cette opinion. C'eſt de ce principe que part la ſoumiſſion aveugle des malades pour le Médecin, des voyageurs pour un guide, de ceux qui ſont dans un vaiſſeau pour le Pilote. Leur obéiſſance n'eſt fondée que ſur

---

vironnoient ; l'Armée Suédoiſe fut même contrainte de décamper. On trouveroit des Loix très-févères, ſi l'on ſe donnoit la peine de les chercher, contre des Gouverneurs qui ſe rendent avant d'avoir ſoutenu au moins deux aſſauts, au corps de la Place, je m'explique.

la persuasion où ils sont que le Médecin , le Guide, le Pilote , sont plus
prudens & plus habiles qu'eux. Mais
que faut-il faire, demanda Cyrus à son
Pere, pour paroître plus habile qu'eux ?
Il faut, reprit Cambyse, l'être effec-
tivement : & pour l'être , il faut bien
s'appliquer à sa profession , en étudier
sérieusement toutes les regles , consul-
ter avec soin & avec docilité les plus
habiles maîtres ; ne rien négliger de
ce qui peut faire réussir nos entrepri-
ses ; & surtout implorer le secours des
Dieux , qui seuls donnent la prudence
& le succès. (Cyropédie, liv. 1.)

A l'égard de la Magistrature , quels
grands modèles ne trouvons-nous pas
dans les Histoires Grecques & Ro-
maines ? Quelle sagesse consommée
dans la distribution des Loix ! Quelle
profonde science dans les Magistrats !
Sans entrer sur l'importance de l'Histoire , dans des détails peut-être trop
longs , je me contenterai de rapporter
encore sur cela un excellent passage du
Traité des Etudes de M. Rollin (a)

(a) M. Rollin , ancien Recteur de l'Université, a fait un Traité des Etudes en quatre

(3ᵉ vol. p. 6.) qui eſt relatif à mon ſujet , & qui convaincra d'autant mieux , que cet homme admirable a le talent de perſuader par la juſteſſe des idées , par la grace du ſtyle , & par la profonde Erudition qui regnent dans tous ſes ouvrages.

» Il n'eſt point d'âge , dit M. Rol-
» lin , point de condition , qui ne puiſ-
» ſent retirer de l'Hiſtoire les mêmes
» avantages. » (Ces avantages ſont principalement d'apprendre à remplir nos devoirs , comme M. Rollin l'a fait connoître précedemment ,) » & ce que
» j'ai dit plus haut » (continue-t'il)
» des Princes & des Conquérans ,
» comprend auſſi , en gardant de juſ-
» tes proportions , toutes les perſon-
» nes conſtituées en dignités : Miniſ-
» tres d'Etats , Généraux d'Armées ,
» Officiers , Magiſtrats , Intendans ,
» Prélats , Supérieurs Eccléſiaſtiques ,
» tant Séculiers que Réguliers , les

---

vol. _in_-12 , dont les deux derniers ſont à la portée de ceux qui n'ont pas étudié ; il eſt auſſi l'Auteur d'une Hiſtoire ancienne en quatorze vol. même format , & d'une Hiſtoire Romaine continuée & achevée par M. Crevier.

» Peres & les Meres, les Maîtres &
» les Maîtresses dans leur domesti-
» que, en un mot, tous ceux qui
» ont quelque autorité sur les autres;
» car il arrive quelquefois à ces
» personnes, d'avoir dans une éléva-
» tion très bornée, plus de hauteur,
» de faste & de caprices que les Rois,
» & de pousser plus loin l'esprit de
» Despotisme & le pouvoir arbitraire.
» Il est donc très-avantageux que
» l'Histoire leur fasse à tous d'utiles
» leçons; que d'une main non-suf-
» pecte, elle leur présente un miroir
» fidéle de toutes leurs obligations &
» de leurs devoirs; qu'enfin, elle leur
» fasse entendre qu'ils font tous pour
» leurs inférieurs,& non leurs inférieurs
» pour eux. »

Je crois inutile de m'étendre sur la
nécessité d'appliquer les enfans dans
l'Ecole projettée à la Géographie & à
la Chronologie, à la Physique expérimentale & au Dessein; il est incontestable que ceux qui en feroient ins-
truits plus à fond qu'on n'a fait jusqu'à
présent, en retireroient, ainsi que des
Mathématiques & de l'Histoire, les
plus grands avantages.

Il est aisé de comprendre que des

Peres inſtruits, des Educateurs ou Gouverneurs & Précepteurs bien choiſis,
les uns & les autres enfin tels que je
les déſigne aux pages 32, 33; &c.
peuvent remplir avec ſuccès l'Education
en queſtion; mais, je le répete, elle
eſt expoſée à plus d'un inconvénient,
j'en ai marqué quelques-uns aux pages 18 & 19 : au reſte les difficultés
ne ſont point inſurmontables; que le
Gouvernement daigne y veiller d'auſſi
près que je le déſire, & je réponds
tant de l'Education générale que des
Educations particulieres, ſi pour cellesci on uſe des précautions dont je parle
au commencement de la page 30.
Cependant pour parvenir à ce but,
quelle foule d'obſtacles à vaincre! D'un
côté une dépenſe énorme en apparence, de l'autre d'anciens préjugés qui
nous tyranniſent; ici l'oppoſition d'un
Corps fameux qui veut tout envahir,
là des ſujets ſans nombre qu'il faudra
néceſſairement déplacer, faute de talens
convenables à leur état. Mais, ſi c'eſt
le ſeul moyen de nous tirer de la corruption, (*a*) de nous rendre nos ancien

____

(*a*) Berne.

nes mœurs (*a*), de nous procurer enfin le plan d'Etudes le plus avantageux (*b*) : l'Etat penche, il le faut redreſſer : (*c*) l'intérêt eſt aſſez preſſant pour faire évanouir les plus grands obſtacles.

Il eſt évident que le plan que je propoſe pour la France peut & doit s'exécuter dans les nouvelles Colonies qu'on voudra former, telles que la Guyane, dont la réuſſite ne dépend pas ſeulement des ſages réglemens qu'on paroît y vouloir établir, mais auxquels il faut joindre celui d'une éducation générale : le ſuccès en pour

---

(*a*) Marſeille.

(*b*) Touloufe. Voyez la page (15.)

(*c*) Les perſonnes bien intentionnées ne prendront point cette phraſe à la lettre ; la France a ſans contredit plus d'une reſſource à oppoſer aux quatre moyens, dont la mauvaiſe Education eneſt un, & qui pourroient concourir à ſa ruine. Il eſt certain que ce ſeroit nous abuſer & négliger de retirer un des meilleurs fruits de l'Hiſtoire, que de ne pas reconnoître la ſource & la décadence même des plus grands Empires dans la négligence de l'Education, dans l'excès du luxe, &c.

roit-il

roit-il être incertain , fi cette Colonie
eft toujours dirigée par un Gouverneur
& un Intendant (*a*) comme ceux que
la Cour y envoye. J'ajoute que ceux
qui paſſeront dans ce Pays-là , ne feront pas certainement tous bons ſujets,
malgré l'attention la plus ſcrupuleuſe
dont on uſe pour acquérir des connoiſſances de leurs mœurs & bonne volonté ; il faudra donc néceſſairement
procéder au renvoi de ceux qui auront
été reconnus vicieux & abſolument
indiſciplinables, vû qu'il eſt de la plus
grande conféquence de ne point con-
ſerver des gens d'un fi mauvais exemple ; parce que dans ce cas , il faudroit
établir des punitions qui pour l'ordinaire ne ſont que trop inſuffiſantes.

(*a*) M. le Chevalier Turgot & M. de Chan-
valon , tous deux reconnus du premier mérite
à tous égards.

INCONVÉNIENS & Réforme des Académies.

Ayant parlé des abus qui regnent dans les Colléges, je ne puis me dispenser de faire connoître ceux des Académies de Cheval, d'Armes & de Danse, & d'en préfenter le correctif.

On ne peut difconvenir que M. M. les Chefs d'Académies avec la meilleure volonté ne s'abufent pas moins que les Directeurs de Colléges, en croyant faire de bons Eleves. 1°. Un Penfionnaire qui fort du Collége, & qui entre dans une de ces Académies pour y faire fes exercices, a plus befoin que jamais d'être obfervé, puifqu'il entre dans l'âge où les paffions vont le dominer avec d'autant plus d'empire, qu'on ne lui a gueres appris à les réprimer au Collége; loin d'ufer de cette précaution, c'eft qu'il eft entierement livré à lui-même.; 2°. les Parens ou ceux qui le placent dans cette Académie, croyent, par le dénombrement d'un Imprimé, qu'ils apprendront Calcul

Géométrie , Géographie , Armes , Danse : rien de cela : premierement, parce
qu'étant trop surchargé ainsi qu'au Collége, cela le dégoute ; secondement ,
je le répete, la trop grande liberté ne
lui laisse point le choix entre le travail
& l'oisiveté. Les Maîtres les mieux in-
tentionnés ne pourroient même pas le
réprimer , attendu le ton de licence
qui regne pour l'ordinaire entre ces
Messieurs. D'ailleurs, ces Maîtres doi-
vent-ils être bien portés à intéresser
leurs Eleves aux leçons, ne recevant à
l'entrée de chaque Académiste que 15
ou 18 livres une fois payées pour toujours , restât-il dix ou douze années ?

A l'égard du Cheval, on l'apprend
à la vérité un peu mieux, étant en-
seigné par le Maître de l'Académie &
quelques Adjoints appellés Ecuyers , qui
étant toujours livrés à cette partie, y
sont habiles ; mais aussi, ces M M.
ne veulent-ils entendre parler que de
manége ; s'ils ont d'autres Maîtres ,
c'est sans doute pour la forme. J'ose
encore même assurer, que les Académistes n'apprennent pas tous à bien
monter ; il n'y a que ceux qui ont de
grandes dispositions , parce que le Che-

val en fait pour l'ordinaire plus que le Cavalier ; la raison en est bien simple ; les Chevaux d'Académies sont tous de vieux routiers exercés depuis plus de 20 ans, ensorte que l'Ecuyer n'a pas ordonné un mouvement, qu'il est plutôt obéi par le Cheval que par l'Ecolier : mais, faites moi monter un Cheval neuf à un Ecolier de plusieurs années, & vous verrez qu'il est vraiment un grand Ecolier.

Voici donc de quelle maniere je désirerois qu'on opérât la réforme de ces Académies.

1°. Les Chefs d'Académies ne donneroient que trois leçons de Cheval par semaine au lieu de quatre, les lundi, mercredi & vendredi matin ; on y joindroit comme à présent les leçons d'Armes à 8 heures jusqu'à 9 , & à 11 heures jusqu'à midi ; la premiere leçon seroit pour les foibles de tempérament qui prennent mal leurs leçons après avoir monté à Cheval ; les plus forts & les grands seroient réservés pour la fin du manége : cette distribution auroit de plus l'avantage de suspendre moins les leçons de chacun qui perdent souvent patience ; j'ajoute à cela qu'il faudroit renvoyer les leçons des externes aux autres jours, comme je le dirai plus bas : le mélange est, selon moi, sujet à des inconvénients qui intéressent toujours la bonne Education des jeunes Académistes.

II°. Les mardis, jeudis & samedis matin seroient destinés aux Mathématiques & à la Danse ; aux Mathématiques, lorsque les idées sont plus nettes, c'est-à dire à huit heures un quart jusqu'à dix heures ; à la danse, depuis dix heures & demie jusqu'à midi : il est aisé de comprendre que la demi-heure que je mets ici d'intervalle, est à dessein de délasser cette jeunesse. Et comme on dîneroit réglément à une heure & demie, les exercices finissant tous les jours à midi, ces MM. auroient une heure & demie pour se préparer à paroître décemment & pour aller même diner en ville.

III°. Chaque Académiste seroit tenu de payer à chaque Maître de Danse, d'Armes & de Mathématiques 12 liv. par mois, indépendamment d'un louis d'entrée & d'un louis de sortie ; il donneroit pareillement 3 l. par mois pour les Gazettes & Journaux qu'on lui feroit lire exactement : cette légere impo-

fition procureroit les moyens de fournir & d'entretenir une Bibliothéque
où l'on rassembleroit peu-à-peu tout
ce qu'il y a de meilleurs livres en
Sciences & en Belles-Lettres.

IV°. Le Maître de l'Académie auroit deux hommes de confiance appellés Inspecteurs, pour veiller à l'effica-
cité des leçons & y maintenir le bon
ordre ; ils se partageroient chaque ma-
tinée, c'est-à-dire que l'un allant aux
Mathématiques, l'autre iroit à la Danse ; l'un assisteroit à la premiere leçon
des Armes à 8 heures, l'autre se trouveroit à celle de 11 heures : le soin
de la Bibliothéque leur seroit remis,
& l'un pourroit être Historiographe, l'autre Géographe.

V°. Quant aux Pensions, elles sont
trop modiques à 1500 livres ; il est
impossible que le Maître d'un Académie ne s'y ruine pas sur le pied de la
chereté des vivres, par l'entretien d'une
grande maison, & d'une forte Ecurie qu'il
doit nécessairement soutenir ; je les mets
donc à 2000 livres, mais sans tours de
bâton, comme de gaules, de chûtes de
Cheval, &c. toutes choses qui deshono-
rent un homme de condition, & qui
lui attirent souvent en arrière, quantité

de brocards dans le public. Si ces MM.
vouloient prendre des Externes , ils ne
les mêleroient pas avec les Académistes;
mais leur donneroient leçons les mardis,
jeudis & famedis. On pourroit cependant admettre aux leçons d'Armes , de
Danfe & de Mathématiques , ceux qui
le défireroient , moyennant 18 livres par
mois à chaque maître.

VI°. L'arrangement des I°. & II°.
pages 100 & 101 procureroit à ces
MM. toutes les après-midi de libres ,
pour s'appliquer à l'Hiftoire , dont un
des Infpecteurs leur feroit faire un
cours en commençant par celles de l'An-
cien-Teftament & du Peuple de Dieu :
il obferveroit de leur faire faire des
notes foit fur la Guerre , la Magiftrature ou la Politique , felon la deftination de chacun ; ils s'exerceroient auffi
trois de ces après-midi au Calcul , à
l'Algèbre & à la Géométrie , en repaf-
fant les Cahiers que leur feroit écrire
aux leçons le Maître de Mathématiques ; l'autre Infpecteur les exerceroit
fur la Géographie & la Chronologie ,
moins par forme de leçons qu'en con-
verfation : par exemple , fçachant paf-
fablement le Calcul , la Géométrie &

E iv

le fyftême du monde ; de bonnes car-
tes , des livres & quelques principes
généraux fuffifent pour apprendre la
Géographie ; en lifant même les Gazettes & recourant à un Dictionnaire &
à une Carte , l'on apprend infenfi-
blement & fans peine.

VII°. Ces M M. fortiroient cependant quelquefois , mais toujours avec
connoiffance de caufe de la part du
Chef de l'Académie , qui ne néglige-
roit pas de les faire obferver. Comme
les Infpecteurs feroient des gens choifis
pour les mœurs & pour le caractère
liant, afin de fe faire aimer & refpec-
ter , ils accompagneroient aux promenades , en vifites & aux fpectacles,
ceux qui ne feroient pas jugés devoir
être abandonnés à eux-mêmes. O combien de parens ne redouteroient plus
l'Académie pour leurs enfans , s'il y
regnoit un tel ordre par rapport aux
mœurs & aux exercices !

J'oubliois de dire qu'il feroit abfolument indifpenfable que M M. les
Ecuyers promenaffent à la Campagne
leurs Ecoliers au moins tous les quinze
jours : les Académiftes une femaine ,
les Externes l'autre ; les Chevaux ne
s'en porteroient pas plus mal. Une

telle promenade , où l'on pourroit même leur faire monter des Chevaux qui leur seroient inconnus, triploiroient au moins la leçon , surtout sous les yeux des Ecuyers,

ÉDUCATION

des Dames.

CE n'est pas tout , comme personne n'ignore que le commerce des Dames, surtout en France , influe beaucoup sur notre Education ; proposer de réformer celle des hommes, c'est n'avoir fait que la moitié de la besogne , ou plutôt c'est n'avoir rien fait , puisque leur Société détruiroit un si bel ouvrage. Ce n'est pas un trait de satyre que je cherche à placer ici : le zèle m'ouvre les yeux : je me dois à la vérité. Oui , sexe charmant , en proposant la réforme de votre Education , réforme que je crois plus analogue à votre justesse originaire & à vos dispositions , je vous fournis des armes pour captiver nos cœurs, dont le succès sera plus certain que l'inconséquence & la frivolité qui font aujourd'hui les qualités les plus

E v

essentielles de presque toutes les femmes, & à notre tour nous serons plus
dignes de vous. Votre Education né-
gligée n'est point un reproche qui vous
regarde ; c'est sans doute le fruit de notre peu de justesse à mal entendre nos
véritables intérêts. En effet, la corruption du cœur est presque toujours une
suite de l'égarement de l'esprit ; &
l'égarement de l'esprit vient à son tour
du défaut d'être éclairé.

A ceux qui se plaignent de l'inconséquence & de la foiblesse des femmes, & qui sont persuadés qu'une fem-
me de mérite est un phénomène, nous
pourrions opposer cette belle réponse de
M. d'Alembert dans un cas semblable.
» Le genre humain seroit bien à plain-
» dre, si l'objet le plus digne de nos
» hommages étoit en effet aussi rare
» que vous le dites. Mais si par mal-
» heur vous aviez raison, quelle en
» seroit la triste cause ? L'esclavage &
» l'espèce d'avilissement où nous avons
» mis les femmes, les entraves que
» nous donnons à leur esprit & à leur
» ame ; le jargon futile & humiliant
» pour elles & pour nous, auquel
» nous avons réduit notre commerce

» avec elles , comme si elles n'avoient
» pas une raison à cultiver , ou n'en
» étoient pas dignes ; enfin l'Educa-
» tion funeste, je dirois presque meur-
» triere , que nous leur prescrivons ,
» sans leur permettre d'en avoir d'au-
» tre ; Education où elles apprennent
» à se contrefaire sans cesse , à n'avoir
» pas un sentiment qu'elles n'étouffent,
» une opinion qu'elles ne cachent ,
» une pensée qu'elles ne déguisent.
» Nous traitons la nature en elles com-
» me nous la traitons dans nos jar-
» dins , nous cherchons à l'orner en
» l'étouffant. (a) Si la plupart des Na-

(a) Ceci me rappelle un passage de M. de
Vaniere sur l'Education , auquel je ne puis me
refuser. Voyez avec quelle attention (dit cet
inimitable Auteur) & quelle tendresse le Jardinier cultive une jeune plante ; avec quel art
il sçait la faire jouir des regards du Soleil ,
sans l'exposer aux injures de l'air. Cultiva-
teurs de l'homme , voilà votre modèle. Em-
pêchez que les glaçons meurtriers de l'exemple ne pénétrent jusqu'aux tendres rejettons ,
dont la culture vous est confiée. Exposez-les
aux regards bienfaisans de celui qui donne
l'accroissement, la force & la vie. Joignez
constamment cette derniere opération à toutes

» tions ont agi comme nous à leur
» égard, c'eſt que par-tout les hommes
» ont été les plus forts , & que par-
» tout le plus fort eſt l'oppreſſeur &
» le tyran du plus foible. Je ne ſçais
» ſi je me trompe , mais il me ſemble
» que l'éloignement où nous tenons
» les femmes de tout ce qui peut les
» éclairer & leur élever l'ame , eſt
» bien capable , en mettant leur va-
» nité à la gêne, de flatter leur amour
» propre. On diroit que nous ſentons
» leurs avantages , & que nous voulons
» les empêcher d'en profiter. Nous ne
» pouvons nous diſſimuler que dans les
» ouvrages de goût & d'agrément, elles
» réuſſiront mieux que nous , ſurtout
» dans ceux dont le ſentiment & la
» tendreſſe doivent être l'ame.

» A l'égard des ouvrages de génie
» & de ſagacité , mille exemples nous
» prouvent que la foibleſſe du corps

---

les autres , dont le Jardinier vous donne
l'exemple ; & ſoyez aſſurés que vous enrichirez
bientôt le Monde du fruit de vos heureux travaux : ce n'eſt pas là , je crois, étouffer la nature
pour l'orner.

» n'y eſt pas un obſtacle dans les hom-
» mes ; pourquoi donc une Education
» plus ſolide & plus mâle ne mettroit-
» elle pas les femmes à portée d'y
» réuſſir ? (*a*) Deſcartes les jugeoit
» plus propres que nous à la Philoſo-
» phie, & une Princeſſe malheureuſe
» a été ſon plus illuſtre diſciple. Plus
» inéxorable pour elles, vous les trai-
» tez, M. , comme ces Peuples vain-
» cus , mais redoutables , que leurs
» Conquérans déſarment ; & après
» avoir ſoutenu que la culture de l'eſ-
» prit eſt pernicieuſe à la vertu des
» hommes, vous en concluez qu'elle
» le ſeroit encore plus à celle des fem-
» mes. Il me ſemble au contraire que
» les hommes devant être plus ver-
» tueux à proportion qu'ils connoîtront
» mieux les véritables ſources de leur
» bonheur, le genre humain doit ga-

(*a*) Peut - on en donner une preuve plus
évidente que la traduction de Newton par
Madame la Marquiſe du Châtelet & l'excellent Traité des Sections Coniques de M. le
Marquis de Lhôpital , auquel Madame ſon
épouſe a eu grande part : ce livre eſt le dernier
ouvrage qu'on puiſſe lire en François.

» gner à s'inftruire. Si les fiécles éclai-
» rés ne font pas moins corrompus
» que les autres, c'eft que la lumiere
» y eft trop inégalement répandue ;
» qu'elle eft refferrée & concentrée
» dans un trop petit nombre d'efprits;
» que les rayons qui s'en échappent dans
» le peuple ont affez de force pour dé-
» couvrir aux ames communes l'attrait
» & les avantages du vice, & non
» pour en faire voir les dangers &
» l'horreur : le grand défaut de ce fié-
» cle philofophe eft de ne l'être pas
» affez. Mais quand la lumiere fera
» plus libre de fe répandre, plus éten-
» due & plus égale, nous en fentirons
» alors les effets bienfaifans ; nous cef-
» ferons de tenir les femmes fous le
» joug & dans l'ignorance, & elles de
» féduire, de tromper & de gouver-
» ner leurs Maîtres. L'amour fera pour
» lors entre les deux fexes ce que l'a-
» mitié la plus douce & la plus vraie
» eft entre les hommes vertueux ; ou
» plutôt ce fera un fentiment plus dé-
» licieux encore, le complément & la
» perfection de l'amitié ; fentiment qui
» dans l'intention de la nature, devroit
» nous rendre heureux, & que pour

» notre malheur nous avons sçu alté-
» rer & corrompre.

» Enfin ne nous arrêtons pas seule-
» ment, M , aux avantages que la fo-
» ciété pourroit tirer de l'Éducation
» des femmes ; ayons de plus l'huma-
» nité & la justice de ne pas leur re-
» fufer ce qui peut leur adoucir la vie
» comme à nous. Nous avons éprou-
» vé tant de fois combien la culture
» de l'esprit & l'exercice des talens
» font propres à nous distraire de nos
» maux, & à nous confoler dans nos
» peines ; pourquoi refufer à la plus
» aimable moitié du genre humain,
» destinée à partager avec nous le mal-
» heur d'être (*a*), le foulagement le
» plus propre à le lui faire fupporter ?
» Philofophes que la nature a répandus
» fur la furface de la terre , c'est à
» vous à détruire, s'il vous est possi-
» ble , un préjugé si funeste ; c'est à
» ceux d'entre vous qui éprouvent la
» douceur ou le chagrin d'être Peres,

(*a*) C'est en effet un grand malheur
d'exifter, lorfqu'on met en oubli fa véritable
destination.

» d'ofer les premiers fecouer le joug
» d'un barbare ufage, en donnant à
» leurs filles la même Education qu'à
» leurs autres enfans. Qu'elles ap-
» prenent feulement de vous en rece-
» vant cette Education précieufe, à la
» regarder uniquement comme un pré-
» fervatif contre l'oifiveté, un rempart
» contre les malheurs, & non comme
» l'aliment d'une curiofité vaine, & le
» fujet d'une oftentation frivole. Voilà
» tout ce que vous devez & tout ce
» qu'elles doivent à l'opinion publi-
» que; qui peut les condamner à pa-
» roître ignorantes, mais non pas les
» forcer de l'être. On vous a vûs fi
» fouvent, pour des motifs très-légers
» par vanité ou par humeur, heurter
» de front les idées de votre fiécle;
» pour quel intérêt plus grand pouvez-
» vous le braver que pour l'avantage
» de ce que vous devez avoir de plus
» cher au monde, pour rendre la vie
» moins amere à ceux qui la tiennent
» de vous, & que la nature a defti-
» nés à vous furvivre & à fouffrir;
» pour leur procurer dans l'infortune,
» dans les maladies, dans la pauvreté,
» dans la vieilleffe, des reffources dont

» notre injuſtice les a privées ? On re-
» garde communément les femmes
» comme très-ſenſibles & très-foibles ;
» je les crois au contraire, ou moins
» ſenſibles ou moins foibles que nous.
» Sans force de corps, ſans talens,
» ſans études qui puiſſent les arracher
» à leurs peines, & les leur faire ou-
» blier quelques momens, elles les
» ſupportent néanmoins, elles les dé-
» vorent, & ſçavent quelquefois les
» cacher mieux que nous ; cette fer-
» meté ſuppoſe en elles, ou une ame
» plus ſuſceptible d'impreſſions profon-
» des, ou un courage dont nous n'a-
» vons pas l'idée. Combien de ſitua-
» tions cruelles auxquelles les hom-
» mes ne réſiſtent que par le tourbil-
» lon d'occupation qui les entraîne ?
» Les chagrins des femmes ſeroient-
» ils moins pénétrans & moins vifs
» que les nôtres ? Ils ne le devroient
» pas être. Leurs peines viennent or-
» dinairement du cœur, les nôtres
» n'ont ſouvent pour principe que la
» vanité & l'ambition ».

Enfin, ſans éloigner les femmes des
ſoins du ménage, donnons - leur une
Education plus mâle, en cultivant le

cœur, éclairant l'esprit & exerçant le corps ; nous trouverons une ample provision de talens à employer par les dons précieux que la nature leur a prodigués. Se suffisant alors plus à elles-mêmes étant mariées, on les connoîtra moins dans les cercles & dans le monde que dans leurs maisons ; là, remplissant mieux leurs devoirs envers leurs époux, leurs enfans & leurs domestiques, elles feront sans cesse les plus cheres délices de leurs familles, & le bonheur de l'humanité.

CONCLUSION.

JE crois donc avoir démontré que pour cultiver avec plus de succès à l'avenir le cœur, l'esprit & le corps des Enfans de l'Etat.

Iº. Le Gouvernement doit se charger de veiller de plus près à l'Education.

IIº. La Jeunesse ne doit jamais être abandonnée à elle-même.

IIIº. Il faut nécessairement changer la méthode d'enseigner la Langue Latine.

IVº. L'on doit apprendre aux enfans

plus de Mathématiques, de Géographie,
de Chronologie, d'Histoire, de Physique expérimentale, de Dessein, &c.

Je n'ai pas besoin de faire remarquer ici que cet ouvrage un peu long
& sur le mérite duquel je ne me flatte point, n'est pas une pièce de Poésie
ou un morceau d'Eloquence ordinaire,
qui peuvent se restreindre dans des
bornes plus étroites : si l'objet est inté-
ressant, si les inconvéniens que j'ai rap-
portés sont aussi grands, si enfin les
moyens que j'expose sont les seuls ou
du moins les plus courts, pour opérer
la réforme de notre Education, pourquoi en ayant égard à mon zèle, ne
me feroit-on pas grace sur la diction ?
D'ailleurs, eussé-je les plus grands talens pour remplir avec succès la tâche
que je viens de m'imposer, je
n'en aurois pas plus cherché à briller ;
persuadé que si le bel esprit séduit
quelquefois, c'est presque toujours
aux dépens du bon esprit, & que de
plus la vérité n'a pas besoin d'ornement. Je ne prétends point m'ériger
en nouveau Lycurgue, je m'efforce
seulement d'indiquer aux Sages des
moyens que je crois plus efficaces

que ceux dont on s'est servi jusqu'à présent, pour procurer une Education solide & relative aux différens états ; & en y faisant (deux articles essentiels; participer indistinctement tous les Citoyens, de quelqu'ordre qu'ils soient, & gratuitement tous les indigens Je finis en assurant que je ne me suis déterminé à l'impression de cet ouvrage, qu'après les précautions les plus scrupuleuses, c'est-à dire que le peu d'attache que j'ai eu à mes sentimens, a été proportionné au zèle dont doit être animé tout homme qui est moins flatté de la qualité d'Auteur que de celle de Citoyen utile ; aussi puis-je assurer n'avoir pas négligé tous les avis que m'ont bien voulu donner les Connoisseurs en ce genre. Suis-je néanmoins parvenu au but ? C'est au Public impartial à me juger.

F I N.

du 10 Avril 1725 : qu'avant de l'expofer en vente, le manufcrit qui aura fervi de copie à l'impreffion dudit Ouvrage, fera remis dans le même état où l'Approbation y aura été donnée, ès mains de notre très-cher & féal Chevalier, Chancelier de France le Sieur DELAMOI-GNON, & qu'il en fera enfuite remis deux Exemplaires dans notre Bibliothèque publique, un dans celle de notre Château du Louvre, un dans celle dudit Sieur DELAMOIGNON, & un dans celle de notre très-cher & féal Chevalier, Garde des Sceaux de France, le Sieur DE MAUPEOU ; le tout à peine de nullité des Préfentes Du contenu defquelles vous mandons & enjoignons de faire jouir ledit Expofant & fes ayans caufes pleinement & paifiblement, fans fouffrir qu'il leur foit fait aucun trouble ou empêchement. Voulons que la copie des Préfentes qui fera imprimée tout au long au commencement ou à la fin dudit Ouvrage, foi foit ajoutée comme à l'original. Commandons au premier notre Huiffier ou Sergent fur ce requis, de faire pour l'exécution d'icelles tous actes requis & néceffaires, fans demander autre permiffion, & nonobftant clameur de Haro, Charte Normande & Lettres à ce contraires : car tel eft notre plaifir. Donné à Paris, le quinziéme jour du mois de Novembre l'an de grace 1764, & de notre regne le quaranteneuvéme.

PAR LE ROI EN SON CONSEIL.

LE BEGUE.

Regiftré fur le Regiftre XVI de la Chambre Royale & Syndicale des Libraires & Imprimeurs de Paris, N° 185, folio 194, conformément au Réglement de 1723, qui fait défenfes Art. XLI, à toutes perfonnes de quelques qualités & conditions qu'elles foient, autres que les Libraires & Imprimeurs de vendre, débiter, faire afficher aucuns livre pour les vendre en leurs noms, foit qu'ils s'en difent les Auteurs ou autrement, & à la charge d'en fournir à la fufdite Chambre neuf exemplaires prefcrits par l'Article 108 du même Réglement. A Paris, ce 21 Novembre 1764, LEBRETON, Syndic.

9 782329 770024